家賃収入11億円の税理士大家がこっそり教える お金の増やし方

税理士・宅地建物取引士・相続不動産アドバイザー
鳥山昌則

現代書林

はじめに

家賃収入11億円の「ギガ大家税理士」は私です

不動産投資の世界では一般的に、資産を10億円以上持つ人を「メガ大家」、そして資産価値が100億円を超えた人を「ギガ大家」と呼んでいます。

私は現在のところ、保有している物件の資産価値が160億円を超える、まぎれもない「ギガ大家」であると同時に、現役の税理士でもあります。

現在、保有する物件の数は、およそ80棟、800戸。

年間で11億円の家賃収入を得ています。

また税理士としては、本店である池袋オフィスを中心に、銀座、横浜など首都圏近郊に五つの事務所を抱える「とりやま財産経営グループ」の代表として、日々お客さんの相談に乗っています。

正直に申し上げると、私は本業である税理士として朝から晩まで飛び回っているのに、役員報酬は家賃収入の10分の1以下もありません。

また、会計事務所グループ全体の売り上げでさえ、11億円の半分程度。

それでも税理士を続けている最も大きな理由は「税理士」と「不動産投資家」を両輪とした、最高のビジネスモデルを築き上げることが私の人生の目的だからです。

税務のプロであることで、収益物件を「買うとき」、「保有している最中」、「売るとき」、「相続や贈与をするとき」などのあらゆる場面で、税金や会計の知識が役に立ちます。

その一方で不動産投資家であり、これまでさまざまな業種のビジネスにチャレンジしたり、株・投資信託・商品先物・ＦＸ取引などの投資を行ったりした経験によって、顧問先企業やお客さんに、経営者や投資家としての視点からも役立つアドバイスを提供することができるのです。

２０２０年3月吉日
とりやま財産経営グループ代表　鳥山昌則

目次

第1章 不動産資産160億円のギガ大家になるまで

第2章

家賃収入11億円の私だけが知っている「お金のルール」

第3章

入居率99%台! あなたも金持ち大家になれるコツ

第4章

税理士大家がこっそり教える節税の秘策

プロローグ

一番儲かる
商売を
見つけられるのが
税理士

福井県人として受け継いだ経営の才覚

私は、福井県の勝山市で生まれ育ちました。

帝国データバンクの調査によると「人口10万人あたりの社長輩出率ナンバー1の県」は、東京でも大阪でもなく、実は福井県です。大手企業でいうと、紳士服のコナカの元社長岸下武雄氏、アパホテルの元谷芙美子氏、サイバーエージェントの藤田晋氏、ブックオフの元社長、現在、取締役会長の橋本真由美氏などが福井県出身です。

また、日本の三大財閥の一つ、住友グループの起源が福井県出身の住友政友氏であることも知られています。

古くから「越前商人」と呼ばれる福井県民は、降り積もる雪に辛抱するため粘り強い、そして商才に長け、常に向上心を持ってコツコツ努力します。

また福井県は、西に京都や大阪などの大きな商圏を抱えていることも、「越前商人」のビジネスセンスに磨きをかけた理由の一つかもしれません。

私も、そんな福井県人の血を受け継ぎ、小学生のころから両親が運営する「食品センターとりやま」で店番をしながら、少しずつ経営の才覚を身につけていきました。

税理士を志した理由は、ズバリ「一番儲かる商売を見つけられる」からです。税理士は、会社経営の数字のすべてを把握しなければ的確なアドバイスはできません。そのため、ありとあらゆる業種で、どのくらいの売り上げや利益があり、いくら税金を払っているかなどの実情に接します。

そこで見つけた「一番儲かる商売」を、自分でもやればいいと考えたのです。

税理士という仕事自体も魅力的でした。私は子どものころ、算数や数学は決して得意ではなかったのに、商業高校で学んだ簿記は、なぜか楽しくてしかたありませんでした。パズルのように、左右に仕訳してピッタリ合ったときの達成感が大きくて「これを仕事にしよう！」と思ったのです

「税理士は収入がいい」のはもちろん、選んだ理由の一つです。

また、弁護士、司法書士などの士業では、一回限りの依頼が多いのに比べ、同じ士業でも税理士は顧問契約を結ぶお客さんが少なくありません。さらに、個人でも法人でも、決算は1年に1回、必ず行わなければなりませんから、仕事が途切れる可能性は低い。

こうして、さまざまな側面から検討し、「これしかない」と税理士の道に進んだのです。

成功した大家さん、失敗した大家さんを数多く見てきた

希望通り税理士になってからは「一番儲かる商売はなにか?」という視点を持ちながら、数多くの経営者と接してきました。その数、およそ1万人。そうすることで、儲かっている人はなぜ利益を生み出しているか、反対に経営がうまくいっていない人はどうしてそうなるのか、分析することができたのです。

また私は自身でも、マッサージ店やクリーニング店など、いくつものビジネスにチャレンジしています。さらに、商売以外でも儲かる方法はないかと、21歳のときにアルバイトで貯めた200万円を元手に株式投資を始めます。

その後、商品相場、投資信託、FXなどのあらゆる金融商品を実際に自分で購入・運用してみました。これまでにつぎ込んだ金額は、およそ3億円は下らないでしょう。

初めて不動産を取得したのは28歳のとき、1987年です。埼玉県富士見市で、4LD

Kの自宅マンションを購入。その後、投資用ワンルームマンション、1DKマンション、事務所に使うための戸建てなどを次々と取得、不動産投資家としての道を歩み始めます。

そして、物件を調査・検討する過程で、数え切れないほどの大家さん、不動産投資家と会ううちに「金持ち大家さん」はなぜ金持ちで、「ビンボー大家さん」はなぜ収益を上げられないのかの、私なりの理論も築きあげることができたのです。

私の「お金の増やし方」をすべてお伝えしたい

最近「一般的なサラリーマンは、老後資金は公的年金以外に2000万円必要」という衝撃的なニュースが世間を騒がせました。会社勤めの人ばかりではありません。私が日ごろ、お付き合いしている経営者の方々でさえ、多くが「将来どうなってしまうのか」と心配しています。私自身も、かつてはそうでした。

私は、そんな不安を抱えている方たちすべてに、今こそ、正しいお金の増やし方をお伝えしたいのです。

税理士を目指して福井県から東京に出てきたとき、ご縁があり、私は水道橋にあるそば屋さんで住み込みのアルバイトを始めました。当時、アルバイトの時給は、300〜400円だったと記憶しています。

そんな状態からスタートし、40年近く経った今では、資産160億円になっています。私は「一番儲かる商売を知りたい」と思ったときから、お客さんのビジネスを分析し、そのビジネスの成功のために尽力するだけでなく、思いつく限りの投資やビジネスにチャレンジしてきました。

もちろん、すべてがうまくいったわけではありません。失敗のほうが多いかもしれません。でも、すべて自分を実験台にして自分なりのノウハウを積み上げてきたのです。

この本では、「私がどうやって〝ギガ大家〟になったのか」「家賃収入11億円の私が教えるお金のルール」「入居率99％の私が教える満室経営の極意」、そして「税理士大家が教える節税のコツ」まで、私なりのノウハウをすべて公開しています。

「お金」は、生活していくうえで欠かせず、人生を豊かにしてくれるもの。まさに命の次に大切なものだと私は考えます。この本によって、できるだけ多くの人が賢くお金を増やして、お金の不安を解消し、人生を豊かにしてくださることを願っています。

第 1 章

不動産資産
160億円の
ギガ大家になるまで

商売のおもしろさに、子どものころ気づく

第1章では「越前商人」を育てた福井県に生まれた私が、どうやって「ギガ大家」になったのか、その道のりをお話ししましょう。

そもそも私の両親は、福井県の勝山市で農業と酪農で生計を立てていました。でも、私が小学校5年生のとき、両親が「食品センターとりやま」を開業し、商売を始めたのです。「食品センターとりやま」は、今でいうコンビニのようなもの。食品や日用品からタバコまであらゆるものを扱い、近所の人にとってちょっと立ち寄って必要なものを買うのに便利なお店です。

近くにそうしたお店がなかったことから、「食品センターとりやま」はたちまち多くのお客さんを集めます。いち早く、その場所でのニーズを見極めた両親には商売の才能があったのでしょう。

学校から帰ると、私も店番をするようになりました。商品とお金を交換して、売り上げ

が積み重なるとこれだけの金額になる。毎日、そうしてお金のやり取りをして、「売れるとお金になる」ことを実感できる店番はとても楽しかった思い出です。

また、よく観察していると、飛ぶように売れるものとめったに売れないものがあります。そこにどんな違いがあるのか？　そんなことを考えながら、「工夫次第で売り上げが上がる〝商売〟っておもしろいな」と、私は子ども心に思っていたのです。

一人で店番をしていると、いろいろなお客さんが来ます。

あるとき、私の父親くらいの年齢でちょっと強面の男性が入ってきました。そして、店で売っているまんじゅうの中身が「つぶあんかこしあんか、賭けよう」と言うのです。

「当たったら、もう1個ね」

と言われたため、もし私が外したらお店は損をしてしまいます。

でも「そんなことできません」と言える雰囲気でもない。賭けに乗ったフリをした私は「つぶあんだと思う」と言いました。なぜなら実は、私はおやつでよくそのまんじゅうを食べていたため、つぶあんであることを知っていたのです。

負けた男性はすごすごと去っていき、二度と賭けを提案してくることはありませんでした。もしかしたら「自分が正しい」と思ったら、一歩も引かない私の強さと度胸は、このころの店番で下地がつくられたのかもしれませんね。

簿記は数字じゃなくセンス

よくセミナーなどで、私は小学校の算数の成績は「2」、中学校の数学も「2」だったとお話しすると「えっ、先生は税理士なのに!?」と驚かれます。

一般的に税理士や会計士は、数字を扱うため「数学が得意」だというイメージがあるのでしょう。税理士の仕事は、確かに「数字」を扱います。

しかし、実際の業務で必要な数字の能力は、ほぼ「たし算」「引き算」「掛け算」「割り算」、そして「分数」だけです。それよりも法律の専門家であるため、読解力や理論を組み立てて説明する力のほうが必要とされるといえるでしょう。

算数や数学の成績が「2」だった私でしたが、商業高校での簿記の時間は楽しくてしかたがありませんでした。なぜなら簿記は、単なる数字の暗記作業ではないからです。

お金の出入りを記録することを「仕訳」といい、取引を記録する手段が「簿記」です。「仕

簿記
大丈夫！
算数が苦手……
算数

訳」では、一つの取引を右側と左側の二つにわけて記録します。勘定科目には「資産」や「負債」など、大きく五つのグループがあり、商品や現金などの細かな勘定科目が構成要素にあります。

ここに数字をあてはめていくためには、基本からしっかりと理解している必要があります。「わかる」と、格段に「できる」ことが増えてきます。

中学までは、決して勉強ができる生徒ではなかった私が、このとき初めて「勉強がおもしろい！」と感じました。そして「簿記を仕事にしよう！」と考え始めたのです。

そば屋さんで住み込みをしながら税理士を目指し、ついに合格

高校を卒業し、私は福井県の県立短期大学の経営学科に進みます。

20歳になるころ、ゼミの先生方と「儲かる商売とはなにか」という話になりました。当時、バブル景気が始まる前の1980年ごろは、アルバイトの時給が300〜400円があたりまえ。それなのに、税理士は「相談料1時間で1万円」だというのです。「好きで

得意な簿記が役立ち、1時間で1万円も稼げる！」と知った私は、迷わず税理士を目指すことを決意します。

さらに税理士の仕事のいいところは、たくさんの経営者と関わりが持てること。子どものころから「商売っておもしろい」と考えていた私は、さまざまな業種の実情を知り、そのなかで最も儲かるビジネスを自分がやればいいと思ったのです。

そして私は、短大を卒業した20歳のとき、税理士を目指して東京にやってきます。上京後は、水道橋のそば屋さんで住み込みのアルバイトをしながら、会計の専門学校に通いました。

朝8時から午後3時までは、そば屋さんの仕事。終わるとすぐに2時間ほど、講義の予習をします。そして、夜の9時半まで講義を受け、その後、12時過ぎまで復習をします。忙しい日々でしたが、勉強をできる時間が限られていたからこそ、集中して取り組めたのかもしれません。

税理士になるためには「簿記論」「所得税法」など、税や会計に関する11科目のうち、5科目で各60％以上の得点を取ることが必要とされます。1科目に合格するだけでも非常に難しく合格率は約10％。毎年1から数科目ずつ受験するのが一般的です。

そのため、国家資格を得るまでに要する年数が「平均で10年以上」かかるといわれているほどです。

父親から多少の援助は受けていましたが、私は、専門学校の入学金や税理士試験の受験料も、アルバイトで得たお金で払っていました。期間が長引けば長引くほど、アルバイトで暮らしながら細々と貯めたお金をつぎ込まなければならない。

そんな生活をいつまでも続けていたら「一番儲かる商売を見つける」どころではありません。私は「できるだけ短い期間で、できるだけ少ない費用で税理士試験に合格しなければ」と自分を追い込み、持ち前のハングリー精神で、わずか2年でみごと、一番難しいといわれる国税三法（法人税法、所得税法、相続税法）を含む5科目全部に合格したのです。22歳のことでした。

その後、友人の紹介で会計事務所に勤め、実践的な修業を積み、さらに小さな会社の経理経験を重ね、27歳で税理士の登録をします。そして、30歳のときに独立を果たし、会計事務所を開設したのです。

21歳で初めて投資をスタート

税理士試験合格を目指して奮闘していた21歳のとき、私は株式投資にチャレンジします。おそば屋さんに住み込んでいた私は、食事の心配は要りません。また、遊びの誘惑からも隔離されていましたから、少しずつ貯金をすることができました。そうして貯めたお金で、初めて株を購入したのです。

なぜ、最初の投資が株だったかというと、住み込みでアルバイトをしていたそば屋のおかみさんが株式投資をしており、証券会社を紹介してくれたからです。

おかみさんは、大手企業の株を貯金代わりに長期にわたって保有していました。私にもそうすることを勧めてくれたのです。業績が良い有名企業で、配当金がもらえるものであれば、安定的に利益を得られます。

でも、私はまだ若かったし「大きく儲けたい」という下心がありました。そのため、少しでも値上がりするとすぐに売りたくなってしまう。その結果、わずかな利益で売り買いをしていると、儲かっているようで、実はぜんぜん増えていないことに当時は気づいていませんでした。

また、元手になるのはわずか数十万円ですから、株価が上がってもたかがしれています。そのため、どうしても値動きの激しい「仕手株」のようなものに目が向いてしまいます。

「仕手株」とは、なんの好材料もないのに急激に値上がりし、そして上昇トレンドに乗ろうとした投資家が高値で買ったあと、暴落する株のことです。特定の投資家たちが、株価が安いうちに買い集めたあと、意図的に株価を吊り上げ、その後一気に保有株を売り出し高値で利益を得るのです。

「株価が上がっているから」と安易に飛びついた銘柄の多くは、そんな「仕手株」でした。そのため、大きく稼ぐことができたのは一つもなかったのです。

唯一、うまくいっていたのは「ナンピン買い」です。「ナンピン買い」とは、保有している銘柄が下がったときに、どんどん買い増ししていく手法です。そうして購入単価を下げて、上がったときに売る。

今から考えれば、手間がかかるわりには利益が少ないのに、私はすっかり投資家になった気分だったのです。

株もFXも「10倍儲かる！」はあり得ないと知る

こっちで10万儲けて、あっちでも10万儲かった！

そんなことを繰り返していた、24歳ごろのことです。自信をつけた私は「今、100万円使ってこれだけ儲かっているんだから、資金が1000万円あったらもっと儲かるだろう」と考え始めます。そうして探した「10倍融資」の投資会社にひっかかり、保証金を含む全財産200万円を計画倒産され持ち逃げされてしまいました。

つまり、あちこちで細かく稼いだ100万円程度の儲けがすべて、一気に吹き飛んでしまったのです。

私はこのとき、人間の「もっと儲かるかも……」という欲望にはキリがないということを身にしみて実感しました。

それなのに、やはり「前回はダメだったけど、今回はきっと大丈夫」という気持ちに打ち勝つのは難しい――。特に私の場合「大きく稼ぎたい」という気持ちが強かったため、儲かりそうな手法を知るとつい手を出してしまうのです。

たとえば、株式の信用取引です。信用取引とは、現金、または現物株式を「委託保証金」として証券会社に預けると、預けた金額のおよそ3・3倍の金額の取引ができるようになる投資法です。

同じように少ない元手で大きな金額を動かせる金融取引には、商品先物やFXなどがあり、数倍からおよそ数十倍のレバレッジを効かせた投資ができます。

しかし、こうした投資にはリスクがあります。わずかな値動きでも資金を大きくふくらませることができる一方で、相場が逆に動くと預けた金額以上の大きな損失が発生する可能性もあるのです。

「ギガ大家」となった今だからお話しすることができますが、恥ずかしながら私は、信用取引、商品先物、FX、すべて試してみて、最終的に儲けを残すことはできませんでした。金額でいうと、これまでに株式投資で1億5000万円、商品相場で3000万円、FXで3000万円、回収不能になった貸付金やネイルサロンなどの事業損失を含めると、トータルで3億円以上をつぎ込んで失っています。

もちろん、レバレッジを使用するしないにかかわらず、株やFXが儲からない投資だといいたいわけではありません。しっかりと実績を残しておられる方がたくさんいるのも知っています。

ただ、私の本業は税理士です。税理士としての知識と経験、そして知恵、工夫、度胸と熱いハートを持ってお客さんにとって最大限に有利な結果を導き出すために尽力しなければなりません。

深夜に値動きがあるからといって、スマホやパソコンの画面を見つめていたら仕事に差しさわりがあります。

「それなら、株を買って長期に保有すればいいのでは？」

と思う方がおられるかもしれません。

でも、せっかちな私の気質には、配当もあてにならない「株の長期保有でゆっくりお金持ちになる」のは向いていなかったのです。

「ダメもと」であれこれチャレンジして経験から学ぶ。

そして、失敗でさえ次に活かし「自分に向いている投資でなんとか取り戻そう」とすることで、大きく稼げるようになっていったのです。

初めて買った物件は半年で500万円値上がり

日本ではバブル景気が盛り上がってきた１９８０年代後半、私は初めて不動産の収益物件を取得します。忘れもしない最初の物件は、７００万円で手にした品川区のワンルームマンションでした。

土地も不動産もどんどん値上がりしたこの時代、なんとこのワンルームマンションは、半年で１２００万円になります。

「よし、それなら売ってしまおう」

と考えたのですが、物件の所有期間が売却した年の1月1日現在5年以下ですと「短期譲渡所得」となり、所得、住民税率の合計が、5年以上保有した「長期譲渡所得」のおよそ2倍の40％にものぼります。

私は税理士として、払わなくてもすむ税金を払うのは絶対に納得がいきません。合法的に節税をしようと売却益に「買い替え特例」を受けるため、埼玉県川越市で１２００万円のワンルームマンション、同県新座市に３４００万円で戸建ての事務所を取得します。

そして譲渡所得の40％、金額にして約２００万円を繰り延べすることができたのです。

このときから私は、税理士としての知識を駆使して、自ら税金対策を検討・実践。「金持ち大家さん」の道を歩み始めたのです。

ちなみに現在の税法では、10年超の不動産を売却した場合に、買い替え特例を使える余地があります。

税理士としても一気に顧客数を拡大する

私は30歳になった１９８９年に、税理士として完全に独立を果たしました。

しかし、税理士試験に合格してからそれまで、順風満帆だったわけではありません。

まず、22歳で合格したあとは、すぐに友人から紹介してもらった三軒茶屋の会計事務所で勤務を開始。そこは資産税に強い事務所で繁盛していたため、一人で確定申告を50件以上もこなさなければなりませんでした。24歳で結婚したものの、申告の時期は家に帰れない日が続くほどでした。

2年ほど勤め、法人の決算、年末調整や個人の確定申告、さらに登記などの業務をマスターすると、次は25歳で東京・文京区にある友人の繊維会社に経理部長として入社します。企業に経理として関わることで、一般的にどんな悩みや問題があるのか、現場で知ることができると考えたからです。

そして、27歳で税理士として登録。当初は、栃木県の戸建て住宅を事務所としながら、繊維会社に通勤していました。

経理部長としての仕事が終わってからでないと税理士として活動できないため、なかなかお客さんを増やすことができません。そこで、繊維会社がお休みの日に、東京で顧客開拓を始めます。

もとより知り合いが少ない土地ですから、知人や友人の紹介はもちろん、異業種交流会や飲みに行った先でも名刺を配り、少しのチャンスでも逃すまいとしたのです。

そうして知り合ったお客さんには、地道に会いに行くことを繰り返し、精一杯のアドバイスと徹底的なサービスをすることで「まだ20代」というハンディキャップを跳ね返し、少しずつ紹介していただくことが増えてきました。

そして独立後は、バブルの最盛期だったこともあり、時代もよかったのでしょう。お客さんの数も一気に増加し、売り上げは2000万円を突破しました。

税理士は、個人や企業の経営の実態を数字で把握します。内情を知られるのを恐れるのか、新規で任されるのはなかなか難しい仕事です。

でも私は「越前商人」の血を受け継ぎ、自分のお金もお客さんのお金も、たとえ1円たりともムダにしたくない。税務署と対峙することを恐れ、お客さんの財産を守れない税理士にはなりたくない。お客さんと「運命共同体」として、お客さんだけではなく、税理士である自分自身、そして税務署さえも納得できる結果を導きたい――そんな姿勢が評価されたのかもしれません。

投資信託の失敗で学んだ「人任せはダメ」ということ

お客さんが増え、事務所を拡大するようになると、ますます税理士としての仕事は充実してきました。自分で銘柄を選び、自分で売買のタイミングをみて売らなければならない個別銘柄の株にあてる時間がもったいない——そう考えた私は、次に投資信託を買ってみることにしました。

投資信託は、複数の投資家から集めた資金をまとめ、資産運用担当者が運用する仕組みです。運用・管理をすべてプロに任せられるうえ、個別株と違い、少額から買うことができます。

私は、取引があった銀行の担当者が勧めるがままに、「財産三分法ファンド」という「特別分配金」がもらえる投資信託を購入しました。銀行がまさか、お客さんが損する商品を勧めるはずがないという気持ちもありました。ところがこれが、大失敗のもとだったのです。

「分配金」がもらえる投資信託は、一見すると運用成績がよく利益が出ているように思えます。

しかし、投資信託の分配金には「普通分配金」と「特別分配金」があります。「普通分配金」は運用後に生まれた利益を配分しているものですが「特別分配金」は別名「元本払戻金」と呼ばれている通り、私たちが預けた元本を切り崩して配っているのです。

税理士なのにお恥ずかしながら、私は数年の間、このことに気づいていませんでした。

それどころか、今は運用成績があまりよくないけれど「毎月、これだけ配当があればカバーできるだろう」などと考えていたのです。

「おかしいな？」と思い始めたのは、「特別分配金」に源泉所得税が課税されていないと気づいたときです。「普通分配金」は利益から支払われますから、当然課税されます。

しかし「特別分配金」は自分が支払った元本ですから、課税の対象外なのです。

解約したときには、元本は半額になっていました。

私はこのとき、身をもって「投資は人まかせではダメ」「人をあてにしてお金を増やすことはできない」と悟りました。

また、たとえ銀行や証券会社も、自分たちの儲けしか考えていないと気づき始めたのです。

持ち金が半分になったら潔く損切りする

私はよく「それだけ、いろいろな投資で損をしていたら、ご家族も大変だったでしょう」

と聞かれます。でも、これだけは私の自慢ですが、私は投資の損失で家計に負担をかけたことは、これまでに一度もありません。

とはいえ、20代のころは、自分が節約して貯めたお金がすっからかんになり、またゼロからやり直したことは何度もありました。

30代になると、さすがに「こんなことを繰り返していても、お金は増やせない」と考えるようになります。

そして私は、自分なりのルールを決めました。それは「資金が半分になったら、たとえどんな状態でも撤退する」ということです。「もしかしたら、取り戻せるかも？」などという、あてのない希望はもたず、システマティックに「半分に減ったら終わり！」としたのです。

自分で決めたこのルールは損失が拡大するのを防ぐだけでなく、気持ちを切り替えるためにも非常に効果的でした。

たとえば、個別株などは「自分で選んで買った」だけに、愛着が湧いてしまいます。そのため、どれだけ値段が下がっても「いつかは買値くらいに戻るだろう」と、含み損を抱えたままずるずると保有し続けてしまいます。

しかし、投資にかけた金額が半値になったら、いさぎよく損を確定させることで「今回はダメだったけど、次は別の投資にいこう」という気持ちになれるのです。

ここで大事なポイントは、生活費や将来のための資金を投資に使わないことです。「0になっても構わない」――余裕資金だけを投資するようにしなければ家計が破綻します。「これだけ勉強したから大丈夫」「自分は絶対に増やすことができる」といった根拠のない自信は禁物なのです。

投資は分散しないで一つに集中させる

投資の世界では、一つではなく複数の投資先に投資することを「分散投資」と呼び、リスクを分散しながら安定的な収益を期待できるといわれています。

たとえば、株だけを保有するのではなく、株、金、不動産などに資産を分散することを指します。皆さんも「タマゴは一つのカゴに盛るな」というたとえで聞いたことがあるかもしれません。一つのカゴにすべてのタマゴを入れておくと、何かあったときに、全部割れてしまうという意味です。

私は、一般的にいわれているさまざまな「投資を成功させる」「お金を増やす」やり方の大半は正しいと思っています。

でも、資産を大きく増やしたいなら「分散投資」だけはやめたほうがいいと考えます。なぜなら、せっかくの資金が分散すると、拡大するスピードが遅くなるからです。

「分散投資」の考えでは、たとえば株が急落しても、金の価格が安定していれば、トータルの損失を小さく食い止めることができます。これはある意味で正しいでしょう。異なる値動きのものを保有していれば、それぞれのマイナスをカバーし合えるからです。

しかし私は、「もし、何かあったときの損失を最小限に抑える」ことばかり考えるのではなく、チャレンジしながら自分に合った投資対象を見つけ出し、学びながら集中投下していくことで、家賃収入11億円まで到達しました。事実、「財産三分法ファンド」を勧められた銀行に叩きつけるようにしてやめたことで、成功することができたのです。

ネイルサロンなどを経営したが、すべて失敗に……

投資ばかりでなく、私はさまざまなビジネスにもチャレンジしています。顧問先の企業から、経営に関する相談を受けることが多いため、経営上の数字や立地などを分析し、「これはイケる」と判断したら、それを引き継いでやってみたことが何度かありました。

たとえば、ネイルサロンです。場所は銀座の一等地。税理士としての観点から、やり方次第で利益を出せるはずと判断したのです。

ところが、家賃と人件費、そして社会保険の負担に耐えられず2年で撤退しました。リラクゼーションサロンを経営したこともあります。でも、同じように早々に損失を確定して手を引きました。

さらに、共同経営でクリーニング店を始めたときは、業務を担当するはずの社長に売上金を持ち逃げされてしまいました。

〝一番儲かるビジネスを見つける〟はずが、失敗ばかりしている」と思われたかもしれませんね。

でも、こうしていくつかのビジネスを経営してみてわかった、大切なことが二つあります。

一つは「ビジネスも投資と同じで、人任せにしてはいけない」ということです。儲けるためには、自分が本気で取り組まなくてはなりません。片手間に、人に任せて大儲けできるほどビジネスは甘くないのです。

私の顧問先企業でも、よくこんな例があります。

オーナーが経営する美容室が大人気になって、2号店を出す。その経営方針に問題はありません。ただ、2号店を従業員に任せっぱなしにすると、ほとんどが失敗するのです。

私はよく「ご夫婦で経営しているなら、必ずどちらかが2号店に行きなさい」と言います。雇われている立場の従業員は、店の売り上げが上がっても下がっても自分の給料はさほど変わらない。そんな意識をもって経営していて、上手くいくはずがないのです。

私が、クリーニング店の社長に騙されたのも、安易に「人に任せよう」と思ったからでしょう。

もう一つ大切なことは、「不特定多数の人を相手にする商売は難しい」ということです。ネイルサロンやリラクゼーションサロンのように、一回の取引でお客さんとの関係が終わってしまう「フロー型」のビジネスは、常に手間暇かけてお客さんを獲得しなければなりません。

一方で、私の本業である税理士や不動産の賃貸は、顧問契約をしていただいたり、継続して物件に住んでいただいたりするなど、一度取引が始まると関係が続き、継続的に売り上げが上がる「ストック型」です。

やはり、安定して取引が継続する仕組みのものでないと、利益を生み出し続けるのは難しいと実感したのです。

「一棟買い」を始めたのはＩＴバブルの崩壊がきっかけ

さまざまな投資やビジネスを実践しながら、私は少しずつ「やはり、本職である税理士と不動産投資が〝一番儲かるビジネス〟として最強のコンビネーションではないか」と考えるようになります。

日本では、1990年代のバブル経済崩壊後、平成不況のシンボルの一つに「山一證券の自主廃業」がありました。ちょうど私が38歳のころ、1997年のことです。

この時期は、不動産物件の価格も下降の一途をたどります。収益物件の購入には、「またとないチャンス」です。しかし、銀行から融資を得ることが難しかった。

そこで私は、苦肉の策として、当時、パソコンやネットワークの普及によってIT関連企業の株価が高騰する「ITバブル」が起きていたのに乗っかり、先輩に教わってIT株を購入して資金を得ようとしたのです。

1億投資したら、毎日500万円ずつ増えていく。「よし、2億になったら、マンション1棟を現金で買おう」と目論んでいました。

しかし、2000年にITバブルは崩壊します。あっという間に株価は暴落、なんとか売り切ったときには、1億5000万円にまでなっていた資金が、手元に5000万円しか残っていませんでした。

なけなしの5000万円で買ったのが、埼玉県の西川口のワンルームマンション1棟14戸です。でも実は、この物件が今から考えるとお宝物件だったのです。

年間の賃料収入約800万円を生み出し、利回りは15％以上です。売主はおじいさんで「自分はもう年だから、相続財産はお金のほうが分けやすい」ということで売り急いでいたのです。

この物件を購入したことからはずみがついて、2005年までにマンション3棟、アパート2棟、区分所有2戸、戸建て2棟を次々と購入。家賃収入が年間3600万円に達するようになっていきました。

転んでも必ず何かをつかんで起き上がる

そうはいっても、不動産投資のすべてが上手くいっていたわけではありません。

バブル経済の崩壊後、以前に5350万円で購入した池袋の1LDKマンションはなんと1200万円にまで価値が下がってしまいます。また、埼玉県の川越市に品川の区分マンションの買い替え特例を使って買った1400万円の物件は1000万円に、坂戸に600万円で買った物件は50万になってしまいました。減価償却などの会計処理を考慮しても、

2000万円の損失です。それでも区分所有マンションは、持ち続けるには管理費などが高く効率が悪いので、売却することに決めました。

しかし、私は税理士として1円でもムダに失いたくない。「失敗したな」と思っても、なんとかうまく切り抜ける方法はないかと考える。たとえ転んでも、必ず何かをつかんで起き上がりたいのです。個人の場合、その年中の不動産の売却損失は、何もしなければ切り捨て損です。

そこで私は当時、志木と川越に保有していた商業ビルの価値を上げて売却することを思いつきました。購入時、ビルは二つとも半分くらいしか入居していませんでした。それを、第3章でお話しする「入居率99％の八つのコツ」を駆使して満室にします。

そして、1億2000万円で買った物件を1億5000万円で売れば、3000万円の儲けになります。そこから2000万円の損失を引いても1000万円は残ります。ビルの保有期間は売却年の1月1日で5年を超えていましたから、税金は約20％です。個人の場合でも、同じ年であれば、損失と利益を相殺できます。

できる限りの節税をして、税金をしっかり払った残りのお金で次の物件を買う。そうすれば、失敗は失敗でなくなるのです。

税理士の面目躍如の一件だったといえるでしょう。

リーマン・ショックが急拡大のチャンスだった

2008年、私が49歳のときです。

投資会社リーマン・ブラザーズが経営破綻したことで、世界中が経済危機に陥りました。

そのころ、私はすでに年間の家賃収入6000万円を得ていました。本業である税理士以外にも安定収入を得ていたので「リーマン・ショック」と呼ばれる経済危機とは無縁に過ごすことができていたのです。

そんなある日、顧問先の不動産会社の社長と決算の打ち合わせをしていました。そのとき、この社長が、

「先生、今、物件価格が下がっていますからチャンスかもしれませんよ」

と言うのです。

実は私は、そのころの自分の状況に満足しており、これ以上、物件を増やすつもりはあ

りませんでした。そのため、「どうしようかな？」と言ってその場を去りました。

しかし、車を運転していると、「待てよ、ほんとうにチャンスかもしれないな」と思い始めたのです。そして、すぐに知り合いの業者に連絡を取ると、「確かに下がっています」と言います。

そこで物件を探してもらうと、都心の駅から徒歩5分以内で、以前は5億だったものが3億、3億だったものが2億と、投げ売りになっている物件がゴロゴロあるではありませんか。そんなお宝を見逃すわけにはいきません。

私は必死で銀行をまわり、3カ月くらいで2棟、物件を購入しました。

このときの私の貸借対照表は、借入金の減少によって相当な資産超過の状態でした。会計事務所の事業所得の売上が2億円以上、そして不動産の賃貸収入も6000万円を超え、多くの税金を払っていたのが幸いしたのでしょう。

実際に、このときに買ったマンションは、今でも14～15%という高い利回りを維持しています。

翌年になると、暴落していた不動産の価格は落ち着きを見せますが、まだまだ探せば、手頃な価格で購入できるものがたくさん見つかります。

そこで私は、銀行を5行くらいまわり、20億ほどの融資を受けてどんどん買い増していったのです。

このとき私は、チャンスはいつ訪れるかわからないから、しっかり準備しておくことが大切だと身にしみて感じたのです。

自分を実験台にしたからこそ今がある

リーマン・ショック後に、運よく値下がりしていた質の高い物件を手にすることができ、すべてが順調。このころで資産規模は約50億円、借入金が40億円くらいで、家賃収入は約5億円ありました。

ただ、そう見えても、実は私には次の試練が襲いかかっていたのです。

それは借入金の返済です。

そのころ、個人事業と法人の運転資金として銀行から融資を受けていました。運転資金は返済期間が短く、およそ7年。次々と購入した物件の元金返済が増え続け、返済が苦しくなってきたのです。

また、利益が出るほど、個人事業の税金がかさみます。そのころの私は、個人の最高税率である58％になっていました。

私は「越前商人」を生んだ、福井県の出身です。両親から「借金はするな」「借金したら、できるだけ早く返せ」と言われて育ちました。

そのため、不動産の家賃収入のほかに本業の税理士として必死に働き、増え続ける借入金の返済をしていたのですが、どれだけ一生懸命がんばっても払えなくなる可能性が出てきたのです。税理士が税金の滞納をしてしまっては一巻の終わりです。

そこで私は、長期の融資に切り替えてくれる銀行はないか、また、個人から自分がつくる会社に物件を販売することで税率を下げる方法はないか模索し始めたのです。

さまざまな可能性を探るうち、ある銀行が私の保有する物件の時価に対し、8割の融資をしてくれることになりました。

私は、10法人を設立して10物件を個人から法人に売却。そして、譲渡所得10億円の約20％の2億円ほどを税金として払い、無事、「借入金の返済」「税金の支払い」の二つの課題を同時に解決したのです。

また、このときの経験から、不動産投資を個人で始めたとしても、一定の規模になったら法人化することで合法的に節税するやり方を、投資家にご提案できるようになったのです。

さらにこのとき私は、自分を実験台にして私にしかできない「消費税の還付」法を生み出します。

そして現在、顧問先企業に節税策として伝えると同時に、セミナーなどでも多くの経営者に喜ばれています。

妻から「あと何千回、何万回も居酒屋に行けたのに」と怒られる

こうして私は、現在までに資産160億円、家賃収入11億円を達成してきました。しかし資産160億円は、私にとってまだまだ通過点です。私の最終ゴールは、資産を1000億円にまで増やすこと。そして、鳥山家の財産として、次世代に受け継いでいくことで

す。

１０００億円を達成するまでには、まだまだ学ぶことや課題があるでしょう。でも、私は奢らず、「居酒屋でホッピーを飲むのが幸せ」という庶民感覚を失わずにいれば、どんなときでも楽しく乗り切れるのではないかと思っています。

幸いに、妻も私と似た経済観念の持ち主で、気軽に行ける居酒屋が大好きです。居酒屋で使うのは、一回の食事に二人でせいぜい５０００〜６０００円でしょうか。そのため、妻にはよく、私が投資で失った金額で「あと何千回、何万回も居酒屋に行けたのに」と怒られています。

居酒屋以外にも、家族の誕生日にはたまのご褒美にレストランにも行きますし、年に2回は家族で旅行にも出かけます。

お金を儲けることはとても大切ですが、稼いだお金で楽しみを分かち合える家族の存在が、私が資産１０００億円を目指す原動力になっているのかもしれません。

第2章では、これまで「一番儲かる商売はなにか？」という視点を持ちながら数多くの経営者に会って分析、また自分でもビジネスや投資にチャレンジして、家賃収入11億円にまで収入を増やすことができた、私の独自の「お金のルール」をご紹介していきましょう。

第 2 章

家賃収入11億円の私だけが知っている「お金のルール」

儲かっている社長は、素早く決断→行動する

私が税理士として独立を果たして数年経つころ、日本ではバブル経済が崩壊しました。すると、顧問先でも経営状態が悪化する企業が急増します。

そこで「なぜ、上手くいく人といかない人がいるのか」を観察、分析することで、厳しい環境に陥っても、しっかりと利益を出す「儲かっている社長」、すなわち「儲けている社長」の特徴が見えてきたのです。

まずは、どんな経営者が社会的な要因などに左右されず、利益を出し続けられるのかお話ししましょう。そしてそのあと、どんどんお金を増やし続けていく人の考え方や行動の特性をご紹介します。

「儲かっている社長」の大きな特徴の一つは「決断が早い」こと。決めるのが早ければ、すぐに行動に移して他社より先にチャンスを手にすることができるでしょう。

これは、特に変化のスピードが速い現代では大切なポイントです。

今ある選択肢のなかから最良と思えるものを選び、試してみる。そして、もし予想通りの結果が得られなかったとしても諦めない。「儲かっている社長」は、一つめがダメでも二つめ、それがダメでも三つめ、四つめと、うまくいくまでチャレンジします。

そうすれば「失敗」は「失敗」ではなく、単にうまくいかなかった一つのやり方にすぎなくなるのです。

また「儲かっている社長」は、どんどんチャレンジするから経験値が上がります。すると、自分なりの判断基準が定まってくるので、さらに決断が早くなります。どれだけ事前に考え、悩んでみても「やってみなければわからない」ことは、たくさんあります。まずは決断、そしてすぐに行動してみて結果を知る。そこから、どんどん前に進んでいけばいいのです。

儲かっている社長は、1円単位のお金にもシビアな感覚を持つ

次に、多くの「儲かっている社長」に共通する点は、1円単位のお金に対してもシビア

な感覚をもっていることです。お金を大ざっぱに扱うことなく、たとえ1円でもお金の出入りを把握し、ムダがないように心がけて事業を運営しています。

堅実に利益を出し続けているある顧問先企業の社長は、請求書は必ず自分で目を通す習慣をもっています。そして、少しでも疑問に思うことがあると、自ら問い合わせたり確認したりするのです。

あるとき、この社長から「請求が外税できていますが、先生は消費税込みだとおっしゃっていましたよ」という連絡がきました。当時の消費税は5％ですから、金額にすると5000円くらい。それでも「どうだったっけ？」「まっ、いいか」で終わらせず、きっちりと連絡をしてきたのです。

これに対して私は、「確かにそう言いました。誠に申し訳ありません」とお詫びし、請求書を内税に訂正して再発行させていただきました。そのうえで、「次回の請求からは外税にさせていただきます」と念を押しました。

また、お金に対していい加減な社長かどうかは、貸借対照表を見ればすぐにわかります。私は、当事務所に興味をおもちいただいた方には、初回の面談時に必ず「決算書を見せてください」とお願いしています。

ここで一つ質問です。

貸借対照表で「役員借入金」が、右側（負債）に1000万円計上されている会社と、「役員貸付金」が左側（資産）に1000万円計上されている会社では、どちらがお金に対してルーズでしょうか。

答えは「左側（資産）に1000万円計上されている会社」です。

「え、会社が社長に1000万円貸すくらいだから儲かっているんじゃない？」

とあなたは思うでしょうか。

実は、「左側（資産）に1000万円計上されている」のは、会社の資産から役員報酬を出しているということです。つまり、事業としての利益が出ていないのに、資産を削って役員に報酬を出していると考えられるのです。

これはつまり、儲けが出せていないのに、大切な会社のお金を自分の生活費に使っているということです。

こうして、自分のお金と会社のお金をナアナアに扱う社長は、間違いなく10年も経たずにいなくなります。

「儲かっている社長」は、お金に対して真摯に向き合い、1円でも1万円でも同じように大切にしているのです。

儲かっている社長は、ビジネスはすべてサービス業だと知っている

税理士を含め、一般的に「士業」と呼ばれる、弁護士、会計士、司法書士などの仕事は、お客さんから「先生」と呼ばれることが多いもの。さらに、医師、経営コンサルタント、議員、作家や芸術家まで「先生」といわれる仕事は幅広くあります。

でも、私は自分が提供するモノやサービスの見返りに、お客さんからお金を頂戴する仕事はすべて「サービス業」だと考えています。

たとえば、あなたが風邪をひいたとします。

ロクに診察もせずに「あっ、薬渡しとくから」という無愛想な医師よりも、いつからどんな症状なのかを確認し、風邪以外の可能性や治療法についても説明してくれる先生のところに通いたいと思いますよね。

税理士に対しても同じでしょう。

私たちの事務所は、「早くて」「安くて」「正確で」「感じがいい」をモットーに平日は夜8時まで、土日も営業しています。

さらに、消費税の還付や相続税対策、法人化による節税、税務調査対策や不動産投資における節税まで、ほかの税理士事務所にはない付加価値を備えているからこそ選ばれていると自負しています。

もはや、「先生」と呼ばれる立場に安住していられる時代ではないのです。

「儲かっている社長」は、たとえどんな業種、業態でも、そのことをわかっています。

私の顧問先企業に、設立から25年以上経つ不動産会社があります。

毎年のように増収・増益を達成している秘訣は、土地の仕入れなどの金額にこだわり、在庫負担をなるべく減らすべく、徹底的なコスト削減と、お客さんのことを考えた個性的で安価な建売住宅を提供していることでしょう。

また、多くの飲食店が苦戦するなかで、安定した収益を確保している居酒屋が築地にあります。

ここは、店主がフグの調理師免許を取得し、稲わらを使って魚を焼くなどの独自のメニューを展開してお客さんに喜んでいただいています。

ちなみにこの居酒屋は、私の福井の実家から長年にわたりコシヒカリを仕入れてくださっており、嬉しい限りです。

儲かっている社長は、手間をかけず儲かる「仕組み」をつくっている

たとえどんなに優秀な社長でも、自分の体は一つだけです。どれだけ自分一人で頑張っても、ビジネスを大きく成長させることは難しいでしょう。

「儲かっている社長」は、手間をかけずに儲かる「仕組み」をつくっているのです。

どんな会社にも、なんらかの儲かる「仕組み」はあるはずです。そうでなければ、売り上げは運まかせ、黒字だったり赤字だったり安定しないでしょう。

また、売り上げを上げる仕組みだけでなく、経理の仕組みや社員教育の仕組みなど、会社にはさまざまな仕組みが存在します。

「儲かっている社長」は、そうした「仕組み」があることを意識して、さらに発展させた

儲かる仕組み
営業
仕入れ
社員
製作
経理

り、時代に合わせて変えていったりする努力を惜しまないのです。

顧問先のある企業の社長は、「仕組み」を意識しておらず、常に自分が現場に立って売り上げをつくっていました。そのため、50代も半ばになっても幹部が育たず、本人は疲弊しています。

一方で、その会社から独立した男性は、少しずつ、黙っていても売り上げを上げられる組織をつくりました。そして今では、社長としてやるべきことはこなしながらも、平日の昼間からゆうゆうとゴルフに通い、人生を楽しんでいます。

余談ですが、「ロボットやＡＩが発達したらなくなる職業」の一つに税理士は挙げられています。でも私は、逆にロボットやＡＩを利用して、データの保管や整理などを任せられるようになれば、もっと手間がかからずに儲かる「仕組み」ができるのではないかと考えています。


また、儲かる「仕組み」は、企業を経営していなくてもつくることができます。

私は、不動産投資はサラリーマンでもできる、究極の儲かる「仕組み」だと思っています。物件を購入するまではやるべきことが少なからずありますが、管理は管理会社に任せることができるからです。

会社からもらうサラリーだけでは将来が不安——そんな人は、会社の外での仕組みづくりに目を向けてほしいと思います。

儲かっている社長は、社員が1番、お客さんは2番

私は5年くらい前から、常に「従業員が1番で、お客さんは2番」だと公言しています。

お客さんは大切にしても、社員は「仕事をこなしてくれるパーツ」だからいつでも交換すればいい、と考える社長も少なくありません。

でも、社員が満足していなければ、必然的にお客さんに心からのサービスを提供することはできないでしょう。

特に私たち税理士事務所の仕事は、社員それぞれが顧問契約をいただいたお客さんを長く担当するケースが少なくありません。ですから、お客さんを深く知り、事情に合わせた提案ができる——そんな相手を思いやる心の余裕を生み出すには、働くことが楽しくてプ

ライドがもてる会社にならなければならないと考えます。

そのためには、雇用条件や環境を整えるのはもちろん、社長の社員に対する姿勢もとても重要です。

最も大切なのは、どんな問題が起きても、社長が責任をとる覚悟でいることです。トラブルが起きるたびに、担当者を責めていたら、決して「儲かっている社長」にはなれません。

「問題が起きないような仕組みをつくれていない自分が悪い」と考えて、改善する必要があるのです。

また、組織がどんどん大きくなっているのに、いつまでも現場に出て自分の存在感をアピールする社長も社員のやる気をなくさせます。

人は信頼され、任されると、自分なりの工夫をしてより良い結果を出そうとします。「そんなやり方じゃダメ」と、自分のやり方を押し付けたり、小さなことでガミガミ口を出したりする社長に、社員はついていきません。

重要なのは、「社長は社長の仕事をする」ということです。

組織をつくったら、チームのメンバー、課長や部長などの管理職、そして社長のやるべきことは違います。

社長は、利益を生み出し会社を存続させる仕組みをつくるのはもちろん、社員や幹部が気持ちよく働けるよう気配りをしなければならないのです。

儲かっている社長は、厳しい相手は自分を成長させてくれると知っている

「儲かっている社長」は、自分が成長すれば、さらなる「稼ぐ力」が身につくことを知っています。

今のままの自分では、今と同じしか稼げません。

そのため、目標とするライバルを見つけ「追いつけ、追い越せ」と、自分の稼ぐ器を大きくしているのです。

たとえば私は、20代のころは、同じ福井県出身で開業医になった先輩を、勝手にライバルとして目指していました。ただ、この先輩は「人を使うのはめんどくさい」「不動産投資も手間がかかる」と、自分一人でできる範囲で稼ぐ主義。

個人のドクターは、保険収入が5000万円までであれば「所得税の租税特別措置法第26条」という法律のもと、実際にかかる経費より有利な経費率が使えます。4800万円の社会保険収入があるとしたら、法律の範囲内で3200万円くらい経費を認めてくれるのです。

実際にかかる経費は1500万円くらいと考えられますから、差額の1700万円に50%の税金がかかったとしても毎年850万円は節税できる計算になります。

この先輩は、制度をうまく活用して、効率よく儲けているといえるでしょう。でも、この制度を利用する収入は5000万円止まりです。

それ以上のステップアップは見込めないため、私は30歳を過ぎるころから先輩をライバル視することはなくなったのです。

その後、電気工事会社の社長、同じ税理士の知り合いなど、何人かを目標にしてきた私ですが、現在は5歳くらい年下の建築不動産会社の社長を、勝手に「ライバル」と思っています。もしかしたら、お互いに切磋琢磨し合うお付き合いのなか、先方も私をライバルと思ってくれているかもしれません。

この建築不動産会社の税務を私たちが担当しているのですが、あるときこの会社の税務調査の際、こんなことがありました。

建築不動産会社では、社員の給与体系に固定給と歩合給があります。固定給と歩合給では、源泉徴収のやり方が異なります。しかし、社長から聞かれたとき、私が間違って答えてしまっていたのです。

税務署がそれを見逃すはずがありません。

社長は、税務署に「これはなんですか」と聞かれたので、「鳥山先生に教えてもらいました」と答えていました。そこで初めてミスに気づいた私は、自分の間違いですから、お詫びをしたうえで罰金を当事務所で負担することにしました。

その結果、そこまでする事務所はまずありませんから、社長はますます当事務所のファンになってくれました。

ちなみにそれ以降、この社長から問い合わせがあると、よほど「間違っていない」という自信があること以外は、必ず調べて確認し、返事をするようにしています。

また、このときを境に、社員にも同じように「お客さんには、曖昧な記憶で、いい加減な返事をしない」よう、徹底しました。

仕事に厳しい相手は、このように自分たちを成長させてくれます。煙たがらずに真摯に向き合うことで、お互いに切磋琢磨して大きく発展していくことができるのです。

儲かっている社長は、「商いは飽きない」の意味を知っている

事業を経営していたら、誰でも課題に突き当たることがあるでしょう。でも「儲かっている社長」は、いちいちヘコんだりグチを言ったりしません。トラブルも「今のやり方を見直すチャンス」や「新しい提案を考える機会」などと考え、前向きに解消していきます。

「商いは飽きない」という言葉があります。

この言葉を「商売は何があっても細々と長く続ける」→「するといつかはチャンスが降ってくる」という意味で解釈している人が少なくありません。そして、何年も何年も同じことを繰り返している。

そんな「儲かっていない社長」は、遅かれ早かれ消えていきます。

私は「商いは飽きない」というのは「飽きない」ために、課題が見つかったらチャンスと捉えて変化する――そうして微調整を繰り返しながら挑戦を続けていくことが、「商い」

の意味だと考えています。

先日、ソフトバンクグループ株式会社の会長、孫正義氏は、決算の内容が創業以来最悪の7000億円の赤字だと発表しました。

しかし孫会長は、決して悪びれず「ボロボロの大赤字でございます」と言い、失敗を潔く認めています。

私は、このような素直さと、失敗に萎縮せず「今回の損失を活かして、目標達成のために今後もやり切る」覚悟と実行力が、儲かっている社長に欠かせない資質だと考えます。

もちろん、体力を半分以上消耗したら撤退する勇気も必要です。

しかし、孫会長にはまだまだ体力と勝算があるのでしょう。

また「商いは飽きない」という言葉には、もう一つ大事な意味が込められています。それは「お客さんを飽きさせない」ということです。

「売り上げが上がらない」と悩む「儲かっていない社長」は、このことを忘れています。

私は「お客さんを飽きさせない」というのは、「お客さんの求めているものを提供する」ことだと考えています。

お金を儲けて「商人」として成功するためには、自分たちの都合を押し付けるのではなく、お客さんが望むものを提供しなければならないのです。

江戸時代から明治にかけて活躍した「近江商人」の経営哲学に、「三方よし」があります。「三方よし」とは、売り手によし、買い手によし、そして世間にもよしということであり、「自らの利益の追求ばかりせず、お客さんや社会の幸せまで考えて商売せよ」ということです。

近江国は、現在の滋賀県であり、近江国の国内に本店を置き、他国に行商した人たちが近江商人と呼ばれています。私は「越前商人」がルーツの福井県出身ですが、日本全国、多くの企業の経営理念の根幹となる「三方よし」の精神を自分でも取り入れています。

「お客さんのため」、そして「三方よし」を頭に置いて、課題の解決にあたると、トラブルは次なる発展のきっかけとなります。

しかし「お客さんが望むもの」という商いの基本を忘れてしまうと、困難を乗り越えてもまた次の困難がやってきます。

「何をやってもうまくいかない」社長は、このことをもう一度、思い出してみてほしいのです。

儲かっている社長は、自分の信念に反するなら断る勇気を持っている

「三方よし」の考えは、商人にとってとても大切です。しかし、なんでもかんでも社会やお客さんを優先し、へりくだって言うことを聞けばいいというわけではありません。

「儲かっている社長」は、自分なりの信念を持ち、その信念に反することを要求されたときは断る勇気も持っています。

あるとき、顧問契約先の消費税還付の手続きが終わったあと、社員が契約書を交わしていなかったことが判明しました。

すでに還付金を受け取ったお客さんとしてみれば、手数料を全額支払うのが惜しくなってしまったのでしょう。担当者に「安くしてほしい」と交渉してきました。

裁判に持ち込んでも、半額取り戻せるか、もしかしたら裁判費用のほうが上回ってしまう。しかし、そもそも会計事務所では、数年前まで契約書をしっかりと交わす習慣がなかったので、忘れてしまったものは仕方がない。

私は「しょうがないから、３００万を１５０万におまけしてあげて。その代わり、すぐに支払ってもらって、今回の契約書はしっかり交わしてくださいね」とスッキリ終わりにしたのです。

ただし、お客さんには「今までの顧問契約を見直させてくださいね」と、顧問料・決算料の値上げをお願いしました。

企業は利益を得なければ、社員に給料を払えませんし、会社の存続も危うくなる。そんな危険を冒してまで、お客さんの言うことをすべて聞く必要はないのです。

「ここまでは、こちらが引くけど、これ以上はムリ」という自分の信念に従って、こちらからの希望も伝える。もし、それを受け入れられないのであれば、断るという選択もあるでしょう。

社員やお客さん、社会のためになることを考えながらも、自分と会社を守るための信念は貫き通す――こんなスタンスでブレずにいれば、「儲かっている社長」であり続けられるのではないでしょうか。

私はいつも朝礼で、「事務所はお客さんの上でも下でもなく、対等に提案する立場です」と、社員に話しています。

お金持ちは、「入るを量りて出ずるを制す」

さあ、ここからは「儲かっている社長」、そして「お金をどんどん増やし続けられる〝お金持ち〟」に共通する真理をお話ししていきましょう。

多くの人は「お金持ち」というと、派手に稼いでいる人を思い浮かべます。確かに、収入が多ければ、それだけお金持ちになる確率は高いでしょう。

でも、入ってきた分、もしくはそれ以上、散財してしまうのであれば「稼ぐ人」であるかもしれませんが、「お金持ち」にはなれません。

「入るを量りて出ずるを制す」という言葉があります。これは「入ってくるお金を計算し、それに見合った支出をする」という意味です。

お金持ちになり、お金をどんどん増やしていける人は、この言葉のように「自己管理できる人」です。たとえ今は収入が少なくても、「入るを量りて出ずるを制す」習慣があれば、コツコツと貯金することができるでしょう。

このあとでもお話ししますが、残念ながら「貯金だけ」で大きな資産を築く人はいません。でも、貯金はお金持ちになるための重要な第一ステップです。

より大きなお金を生み出すためにも、その元になるお金がなければ話になりません。「お金持ちになりたい！」という人は、とかく一攫千金を狙いがちです。でも、「入るを量りて出ずるを制す」ことが身についていなければ、どれだけ大きなお金を手にしても一瞬で失ってしまうでしょう。

宝くじの高額当選をした人のうち、9割はその後、破滅するといわれているのがよい例でしょう。

実は、私の知り合いで、宝くじで7000万円当選したサラリーマンがいます。

当時、この男性はまだ30歳。まだまだ働き盛りだったのに、両親の介護を理由に会社を辞めてしまいます。

また、当時はバブルの絶頂期だったこともあり、結婚して新婚旅行に500万円も使っていました。夫婦でグルメ旅行にはまってしまい、1カ月に100万円も使っていたようです。

しかし、そんなお金の使い方をしていたせいで、間もなく7000万円を使い果たしてしまいます。

その間、何度も宝くじを買い続けたようでしたが、その後は当選した様子はありませんでした。

私が提案したように、当選金は貯金をして高い利息を稼ぎ、バブル崩壊後、収益不動産を購入していたら、今頃はバラ色の人生だったかもしれませんね。

企業経営者でも同じです。

会社の利益が上がっていないのに、自分のボーナスを欲しがる社長は、「会社に入ってくるお金を計算し、それに見合った支出をする」ことができていません。そんな会社はあっという間に倒産します。

私は、福井で時給300~400円のうどん屋さんのバイトをしていたときから「質素倹約」を心がけ「ほしいもの」ではなく「どうしても必要なもの」だけを買うようにして、将来のための貯金に励んでいました。

生きていくためにほんとうに必要なものは、実はそう多くありません。

「衣食住」にしても、栄養などを考えたうえで最低限に抑えれば、たとえ時給300円のアルバイトでも心がけ次第で貯金をすることはできるのです。そんな生活のなかでも、心がけ次第では楽しく幸せな時間を見つけられますよ。

お金持ちは、価値が下がる「モノ」にはお金をかけない

バブルの真っ盛りのころ、好景気に踊らされて高価な装飾品やクルマを買っていた社長の多くは、不況になった途端、5年以内に会社を潰し、夜逃げをしていました。

ほんとうのお金持ちは、実は価値がすぐに下がる「モノ」にはお金をかけません。ブランド物で飾り立てて見栄を張っても、資産が増えるわけではないのです。

私は、ベルトはカタログギフトでもらったもの、クルマは軽の中古車です。ベルトは「心地よく着用するためのもの」、そしてクルマは「移動する手段」と割り切れば、目的に合った買いやすい価格のものでいいのです。

ただ、安いものばかりを狙って倹約していると、「安物買いの銭失い」になってしまうことがあります。値段と質、そして実用性を見極めることが大切です。

私がある程度のお金をかけるのは靴です。靴がボロボロでみすぼらしいと、社会的な信用にかかわります。そのため、私は、質のよい靴を黒と茶色の2色揃えています。3～4年履いた靴は普段に履き、そろそろ年季がはいってきた5～6年選手は、週末や雨の日に履くなど使い分けているのです。

こうすることで、良いものを長く使うことができ、結果的に節約にもつながります。

私の友人は、大変な倹約家です。たまに会うときに見ると、社長なのに安くてボロボロになった靴を履いているのです。

靴を1足買うと、ダメになるまで履き倒すというので、「毎日、仕事に行くなら、せめて5足は買ったほうがいいよ」とアドバイスしました。

ものをどうやって大切に最後まで使うか考えるのは、靴に限ったことではありません。たとえ、移動するためだけの軽自動車でも、きちんと点検をし洗車もする。ボールペン一本でさえ、あちこちに何本も散らかさず、使う一本を決めて芯を交換して大事に使う。そして、使い終わったら「ご苦労さま」と声をかけて処分する。

あらゆるモノはお金と交換して手に入れています。お金を大切にするのと同じように、手に入れたモノも大事にするのがほんとうのお金持ちなのです。

お金持ちは、常に学び続けている

私が知る限り、お金持ちといわれる人たちは、常に「お金儲けのスキル」を磨き続けています。尊敬できる人物を手本に、考え方や言動を学んだり、ビジネスや経済に関する書籍を読んだり、セミナーに参加したりと、常に学び続けているのです。

私も、いつも自分がもっている情報をアップデートすることを心がけています。

ちょっとした移動のすき間時間に本を読む。

税金に関する情報も見逃さないようにし、「賃貸住宅新聞」や「家主と地主」など、不動産投資に関する媒体だけでなく、経済新聞やチラシも必ず目を通すようにしています。

まわりからは「知っていることばかりじゃないんですか」と言われますが、実際には、毎回、新しい発見があるのでやめられません。

さらに「重要だな」と思われる記事などは切り抜いたりコピーをとったりして、家の決まった場所に保管しています。すると「そういえば、あそこにあんなこと書いてあったな」と思いついたときに、すぐに見つけることができるのです。

税理士に限らず弁護士など、難しい国家試験を突破してやっと資格を得られる仕事をしている人には、当時の情報でストップしてしまっている人が少なからず見受けられます。

しかし、難関を突破したとはいえ、毎年、一定数の合格者はいますし、過去に合格した現役の税理士もゴロゴロいます。クライアントにとって「どんなに難しい勉強をしてきたか」は関係ありません。「お客さんの望むものを提供」しようとするのであれば、求められるサービスについての知識や情報を常に学び続けていなければならないのです。

私は「税務と不動産経営に関することなら、お客さんから電話で問い合わせされたらなんでも即答できる」ことを目指し、そうあることにプライドを持っています。

ごくたまに確認が必要な内容もありますが、必ず期限を決めて調べて回答します。

そんな積み重ねが、素早い決断と行動につながるだけでなく、お客さんに飽きられずに商いを続けていられる秘訣の一つなのではないでしょうか。

皆さんのなかにも、１９７３年にブルース・リー主演のカンフー映画『燃えよドラゴン』が公開された当時、子どもたちの間で空手ブームが巻き起こったのを覚えている方がおられるかもしれません。

同じように、不動産投資の世界では、１９９７年に初版が発行されたロングセラー『金持ち父さん　貧乏父さん』（ロバート・キヨサキ、筑摩書房）を読んで、不動産投資に目覚めたという人が少なくありません。

私のまわりでも、この本をきっかけに不動産投資のセミナーに行き始めたり、オーナーズクラブに参加して情報交換するようになったりした人たちが大勢おり、勉強熱心な人ほど実際の投資にも積極的だという印象があります。

私がときどきタッグを組んで「ギガオーナー対談」をさせていただく不動産投資メンター・コンサルタントがいます。

札幌のギガオーナーであり、パーフェクトパートナー株式会社代表取締役でもある、末岡よしのり氏も常に、

「誰にも平等に与えられているのが時間。同じ24時間を、１分１秒もムダにしないで向上心を持って前進する人がお金持ちに近づく」

と言っています。

ただし、学ぶことはもちろんですが、実際に行動に移すことも大切だということを忘れてはなりません。せっかく身につけた知識も、使わなければ役に立たないのですから。

特に節税は、知っていてもやらなければ何にもなりません。ただし、税務署の動向にも気を配る必要があります。

お金持ちは、「縁」と「運」を大切にする

「お金持ちは、〝損か得か〟で冷静に判断して行動している」というイメージがあるかもしれません。

でも、実際に多くの「儲かっている社長」やお金持ちと接してきたなかで、お金持ちほど「運」や「縁」などの目に見えないものを大切にしていると感じています。

なぜなら、「縁」があって「運」がいいと、確実にお金持ちになる確率が高まるからです。

お金持ちは、無意識のうちにそのことをわかっているのでしょう。

私が保有する銀座の自社ビルには、「アインソフ」という自然食のカフェレストランが入居してくださっています。実はこのお店は、私が物件を取得して再建築する前から、この地で営業されていました。

「思い入れがあるので、建て替えたあともぜひここで営業したい」と言ってくださったのにご縁を感じ、喜んで入居していただいたのです。

「アインソフ」は、知る人ぞ知るお店のため、たくさんのファンがお店に通い賑わっています。新宿、池袋、京都にまで順調に店舗を展開して拡大しています。

そんなお店の税務を、私たちが担当させていただくことになったのもご縁だといえるでしょう。

また、私は歴史が大好きで、江戸幕府を開府した「戦国の覇者」である徳川家康を尊敬しています。

ある日「家康や秀吉が若いころ寝泊まりしていた『浜松東照宮』という神社が浜松にあり、出世のパワースポットとして知られている」という記事を新聞で読みました。私は普段、「パワースポット」などにはあまり興味がありません。でも、家康の名前が出ていたので気になり、「よし！　行くぞ」と決めて、福井の実家に行った帰り道、家族で浜松に立ち寄ったのです。

実際に、パワースポットの効果があったのかどうかはわかりません。

しかし、浜松東照宮に行ったあと、身の回りに次々と大きな変化が起きたのです。

たとえば、私が保有する池袋のビルの1階を借りてくださっていた方が退出するという情報が入ります。すかさず、税理士法人化と池袋支店をそこにつくることにしました。これが、現在の当事務所の本店です。

また、近くの税理士事務所とのM＆Aを行うチャンスも訪れました。こちらは結果的にはうまくいきませんでしたが、とてもよい経験となりました。

さらにテレビ番組のゲストコメンテーターとして、固定資産税の課税側の誤りをテーマに2回も出演させていただき、出演者は男性でも化粧をするという貴重な経験をしました。

そのうえ、消費税還付のお仕事が爆発的に増加し、人手不足になったとき池袋本店ビルの3階の一区画が空き、事務所スペースを拡大して人員を増やすことができました。

これもまた、ご縁と運だったのかもしれないと思っています。

私は不動産物件をご縁で購入することも決して少なくありません。

先日、私が経営、税務相談に乗っている不動産事業の経営者から電話が入りました。

この社長が東京に出張に来て赤坂を歩いていたら、人だかりがあるのでのぞくと、アパホテルの有名な社長、元谷芙美子氏がいたそうです。

東京進出に興味があった社長は、中に入り元谷氏と話をすると、アパグループで仲介しているマンションの紹介をされたのです。

社長は買うべきかどうするか迷って私の携帯に電話をしてきたのです。

物件の詳細を聞くと、場所や物件そのものは悪くはない。

でも、特に値段が安いわけでも高いわけでもないため、すぐに購入を決意するほどではなかったのでしょう。

社長は、ここで断ってしまうと、せっかくのご縁を断ち切ってしまうように感じて相談してきたのです。

私は社長に「どうしても、買う気にならないときは、後ろに私が控えていて買ってもいい」と伝え、一緒に元谷社長に会いに行きました。

そして結局、私が購入することになったのです。

幸いにも、全額融資をしていただける信用金庫が見つかり、スムーズに手続きは終わりました。

前にも書いたように、アパホテルの社長である元谷芙美子氏は、私と同じ福井県の出身です。さらに、亥年生まれで血液型はO型と、共通点がたくさんある。

私は、区分所有をあまり買わないのですが、このときばかりは「縁と運」を感じて購入したのです。

元谷社長には、人生を応援するメッセージが書かれた色紙をたくさんいただき、事務所員と信用金庫の職員さんも大喜びだったことを覚えています。

もう一つ、エピソードがあります。

鳥山家のルーツは、鎌倉幕府を倒した新田義貞公が福井に遠征中、討ち死にし、その家来であった先祖が落ち武者となって勝山に住むようになったと考えられます。私は7年ほど前、義貞ゆかりの地、東京・国分寺市の分倍河原で売り出されていた古いマンションに強い縁を感じ、購入を決めました。しかし築後40年の物件、返済期間がとれないため、どこの銀行も融資してくれません。

東京・国分寺市の分倍河原駅前に建つ新田義貞公像

ところが、縁を感じて購入を決めた私の熱意を、売主の取引先だった信用金庫がくんでくれ、ついに購入できたのです。現在も利回り10％以上、満室賃貸ができています。

「運」や「縁」というと、どこからか転がりこんでくるもので、いつ、誰のところに来るかわからないと考える人が少なくありません。

でもよく〝運〟も〝縁〟も実力のうち」というでしょう。

私は、成果に結びつける素養と努力を欠かさない人のところに、「運」や「縁」は引き寄せられると思っています。すなわち、「お金持ち」とは「お金持ちであることを勝ちとった人」なのです。

お金持ちは、「明元素」言葉で運を引き寄せている

人は考えていることが言葉になり、その言葉通りの行動をとります。

そして、行動を続けると習慣になり、人生を形づくります。

お金を稼ぎ、増やせる人になるためには、思考から「お金持ち」と同じになるのが早道です。

お金持ちは、一つの出来事に対して「明元素言葉《めいげんそ》」で考えます。

「明元素」とは、「明るく」「元気で」「素直・素敵」という意味であり、その反対である「暗病反言葉《あんびょうたん》」の「暗病反」とは「暗く」「病的」「反抗的」という意味だそうです。

「明元素言葉」には、「できる」「やってみよう」「挑戦します」「楽しい」「おもしろい」「ありがとう」などがあり、「暗病反言葉」には、「いやだ」「忙しい」「できない」「つまらない」「どうせ」「どうでもいい」などがあります。

たとえば、難しい仕事を担当させられたとき「こんな大変なことできない」「どうせ、うまくいかない」と考えるのか、「せっかくのチャンス、やってみよう」「おもしろい仕事を担当させてくれてありがたい」と考えるかで、気持ちが変わり結果も大きく異なるでしょう。

「そんなのただ言い換えているだけじゃない?」と思うでしょうか。

でも、こんな簡単でお金がかからないことほど、できていない人が多い。私は、お客さんの前でも社員の前でも、「忙しい」「疲れた」などと絶対に口にしないようにしています。

また、私の知るお金持ちで、お金を増やし続けている人は例外なく、ポジティブな言葉を発し、前向きに行動しています。

言葉を換えるだけで思考が変わり、行動が変わり、習慣が変わるのです。

そしていつも、前向きに考え、明るく元気に振る舞っている人のところは病気も遠のき、「運」と「縁」もやってくるのです。

お金持ちは、まわりに支えられていることを知っている

誰も、自分一人の力だけでお金持ちになることはできません。

たとえば不動産投資でいえば、大家さんがいて投資家がいるだけで、運営ができるわけではありません。部屋を借りてくれる人、物件を紹介してくれる不動産会社の人、清掃や管理をしたりしてくれる管理会社の人、融資をしてくれる銀行の人も必要でしょう。

さらに、建物に水道を引く水道屋さん、電気の配線をしてくれる人、タイルを貼ってくれる人や内装を仕上げてくれる人たちがいなければ、部屋はできません。

もっといえば、そもそも建物は、コンクリートなどの素材をつくってくれる人、設計や基礎工事をしてくれる人などがいなければできあがらないのです。

また、その物件にたどり着くための交通機関を運営する人やそこで働く人がいなければ、住みたいと考える人がいないでしょう。

そう考えると、ほんとうに多くの人に支えられていることがわかります。

会社を経営しているのであれば、働いて成果を出してくれる社員がいなければ企業は成り立ちません。

私の事務所では、社員の希望によってさまざまな働き方ができる制度を整えています。一番大きな改革は、65歳だった定年をなくしたことです。退職したければかまいませんが、働きたければ何歳まででも続けられ、結果を出してくれれば給料も下がりません。のんびり働きたければ嘱託でもいいですし、働く時間も選べます。

お金に対して1円単位までシビアになることは「お金持ち」になるためにとても大切です。でも、まわりに支えられていることに感謝せず「なんで、こんなこともできないんだ」と、要求ばかり突きつける人は、まわりから見放されて落ちぶれていくでしょう。

江戸時代の前期である元禄年間に、現代のマルチタレントばりに活躍した人物に井原西鶴がいます。

俳諧師で興行師であった西鶴は、日本で最初のベストセラー小説「好色一代男」を著していますが、その後、自分の腕一本でのし上がった金持ちのノウハウを紹介した経済小説「日本永代蔵」でも大評判になりました。

その西鶴が、同書のなかで書き残しているのが「商売人の三原則」です。

「商売人の三原則」とは、

①才覚（才能・センス）
②算用（そろばん勘定）
③始末（後始末）

です。

この三つが揃えば、商売人として大成でき、一つでも欠けると商売人として成功するのは難しいということです。

私には特に「③始末（後始末）」ができない人が多いように感じます。

次から次へと仕事に挑戦するのはとてもいいことですが、一つをやり遂げる前に次のことを始めてしまい、結局はどれも中途半端に終わってしまう人がまわりに一人や二人、いるのではないでしょうか。

商売人だけでなくサラリーマンでも同じです。

そんな人が、出世を成し遂げるのは難しいでしょう。

これと決めたら、徹底的にやり切り、途中でまわりからアドバイスをいただいたら、素直に聞く。

こうした姿勢がまわりから応援されることにつながり、大成するための重要なポイントなのではないでしょうか。

また私は、現代では「商売人の三原則」に、あと二つ加えた「商売人の五原則」が重要とも考えています。

①才覚（才能・センス）
②算用（そろばん勘定）
③始末（後始末）

にプラスして、

④情報管理
⑤熱いハート
です。

情報が溢れている現代では、必要な情報を選択し重要なものに集中する。

そして、熱いハートを持って何事も成し遂げる。

この五つを兼ね備えていれば、変化の激しい時代でも人と協力し合ってお互いに成功することができるのではないでしょうか。

お金持ちは、「運用しないといつまでも小銭持ち」と知っている

さあここで、お金をどんどん増やせる人の、最も大切な特徴をお伝えしましょう。

それは「お金は、運用しないといつまで経っても小銭持ち」にしかなれないと知っていることです。

日本の高度成長期には、普通預金の金利が3％あったことがあります。これは、今の金

利、0・001％の3000倍です。

また、1980年ごろには、定期預金の金利が8％だったこともあります。金利8％を複利で運用すれば、およそ9年で元本が2倍、つまり100万円が200万円、3000万円だったら6000万円になります。

そんな時代だったら、節約して貯金して、銀行に預けておくだけでもよかったかもしれません。

しかし、現在の日本では、三大メガバンク、そしてゆうちょ銀行の普通預金金利はたったの0・001％です。100万円を1年間預けても、利息はたったの10円にしかなりません。

しかも20・315％の税金が源泉徴収され、手取りはたったの8円になってしまいます。

これではいつまで経っても、お金を増やせないのはおわかりになるでしょう。

また、いくらビジネスが上手くいっていても、年齢を重ねれば、これまでと同じようには働けません。

会社のなかで儲かる仕組みをつくるのはもちろん、ビジネスの場以外でもお金が増える仕組みをつくらなければならないのです。

私は、数多くの社長と接する機会があり、将来に不安を抱えている方には不動産投資を勧めることがよくあります。

しかし、どれだけビジネスの発展には積極的な経営者でも「投資」となると二の足を踏む人が多いことに驚いています。

日本銀行の調査統計局によると、金融資産の構成比は、日本では、現金・預金が52・3％、比べてアメリカでは、現金・預金はわずか13・9％、ユーロエリアでも36・9％にとどまります。

その一方で、債券、投資信託、株式などの運用資産は、日本は15・1％、アメリカは51・2％、ユーロエリアは29・7％と、それぞれ日本と比べ、3・5倍と2倍にもなっているのです。

日本で積極的に投資をする人が少ない大きな理由は何でしょうか？

元来、日本ではまわりと協調し、主君や会社に尽くすのが尊いとされてきました。他者や集団を優先するというのは、見方を変えると、自分で思考し意思決定する機会が少ないといえます。

しかし、もはや一生面倒をみてくれたはずの終身雇用制度は崩壊し、年金さえ予定どおりにもらえるかわからない時代です。

会社や国などの他者に任せて、チマチマと貯金しているだけでは、いつまで経っても「小銭持ち」から抜け出すことはできません。

将来の不安を解消し「お金持ち」になるには、投資をすることは不可欠なのです。

寝ていてもお金になる商売はたった一つ

投資をしない大きな理由の一つに、

「〝投資〟は、損するリスクがあるから貯金でいい」

と元本割れを回避したい考えがあります。

でも、ここでちょっと考えてみましょう。

単純に現在の金利が続くと考え、100万円を銀行に30年預けても利息は240円にしかなりません。しかし30年後には、物価が上がっている可能性があります。

バブルが崩壊して不景気が続く日本でも、30年前と比べてモノの値段は確実に上昇しています。たとえば、ハガキ1枚が41円から63円に、国立大学の授業料は30万円代から50万円代になっています。

つまり、せっせとお金を貯めていても、その価値が失われる可能性だってあるわけです。

たとえ、経済環境がどう変わっても、自分や家族がお金に困らないよう備えておくべきでしょう。

私はよく、

「この世には、寝ていても儲かる商売が二つだけあります」

とお話しします。

一つめは「金貸し」、つまりお金を貸すことです。元手さえあれば、朝も夜も、平日も土日も関係なく、預ける金利の３００倍以上の金利を得ることができます。

ただし、担保をとっておかないと、元も子もない状況に陥ることもあります。

もう一つが「賃貸不動産投資」です。建物を手に入れ利用してくださる方がいれば、起きてほかの仕事をしている間も、寝ている間も、毎月安定した家賃収入を得ることができます。

「寝ていても儲かる」以外にも、賃貸不動産投資のメリットはあります。

まず、不動産投資は銀行でローンが組めるということです。銀行に「株やFXの投資に使いたい」といってても資金を借りることはできません。不動産であれば、頭金程度のお金があれば、多額の自己資金は必要ないのです。担保にできるということは、価値があるという証しなのです。

また、大きな値上がり利益が狙える一方で、元本割れのリスクが高い株などとは異なり、不動産は現物資産なので価値がゼロになる心配も極めて低いといえるでしょう。

さらに、不動産を所有することで所得税や相続税、贈与税などを軽減できることもあり、私が最終的に「一番儲かるビジネス」として選んだのが不動産投資だったのです。

もちろん、不動産投資がリスクゼロなわけではありません。

最大のリスクの一つが「入居者が決まらない」ことですが、私は現在、80棟、800戸の不動産物件を保有し、入居率は99%台を誇ります。

どうやってリスクを回避し、高い入居率を維持して安定した家賃収入を得るか。

第3章では、私が実践している「金持ち大家」になるコツをすべてお伝えしていきましょう。

第 3 章

入居率99％台！あなたも金持ち大家になれるコツ

物件選びのポイント 1

将来的な見通しも考慮する

「日本は、人口がどんどん減っているのに、不動産に投資して大丈夫？」とよく聞かれます。

でも私は、しっかりした物件選びの基準をもてば、リスクは大幅に軽減できると考えています。

不動産投資は「物件選び」が、成否の7割を占めるほど重要です。

本章では、まず「物件選びのポイント」からお話ししていきます。次に、購入した物件の「入居率を99％まで高める八つのコツ」を、そして最後に、私が見てきた「ダメ大家さんの特徴」をご紹介しましょう。

まず物件選びのポイント①は、将来的な見通しまで考慮に入れる、広い視野をもつということです。

総務省統計局によると、２０１７年の時点では、東京、埼玉、千葉、神奈川、愛知、福岡、沖縄が人口の増加傾向にあります。将来的に安定した収益を確保し、値上がり益も期待するのであれば、人口が増加している地域を狙うのが王道です。

この先、20年後にどうなるかを予測した統計もあります。国立社会保障・人口問題研究所が発表した２０１５年から２０４５年の都道府県別人口予測によると東京都は人口の集中が続き、２０４５年でも１３６０万人を維持します。

そんな予測もあり、私は近年、東京を中心に買い進めています。

さらにこの章でご紹介する手法を駆使して運営していますから、空室に悩むことはほぼなく、驚異の入居率99％台を誇っているのです。

ただし、人口動態は重要なポイントの一つですが、日本全体で見たら人口が増えているエリアは少数派です。

都心部では地価の上昇にともない、利回りが低下しているという一面もあります。また、東京には馴染みがない方もいらっしゃるでしょう。

そんな場合は、未来の予測を意識しつつも、「ポイント②」以降を重視した物件選びをしていきましょう。

物件選びのポイント 2

「エリアと立地」＝土地を重視する

これからも人口が増え続ける都心部以外はすべてダメかというと、そうではありません。たとえ人口が大きく減少する県だとしても、細かく見ていけば、人が集まり人気がある地域は必ず存在します。外国人が増加している地域もあります。

ある民間機関が行った2018年の「日本不動産投資家意識調査」によると、アジア太平洋地域を投資対象とする海外投資家は、魅力的な投資対象の都市の1位に「東京」、そして7位に「日本の地方都市」を挙げています。

北京や香港、そしてブリスベンなどの都市よりも、日本の地方都市のランクが上なのです。

「少子高齢化だから、不動産はダメ」

などといった固定観念にとらわれず、将来性のあるエリアを見極めればいいのです。

不動産は一度購入してしまうと、場所を移動することができません。

「安く買えた！　利回り20%いくぞ」

などと、利益率だけに惑わされると、賃貸需要がなくて空室が埋まらなかったということもあり得ます。最も大切なのは「所有物件に入居需要があるかどうか」です。

私は、物件概要書を見るとき、まず「どこの場所」で、「駅から徒歩何分か」を確認します。

東京都内であれば徒歩15分以内、郊外であれば10分以内が、検索サイトなどで条件を絞る限界の距離です。

一方で、車社会である地方都市の場合、駅から離れていても国道沿いに商業施設が多数あるエリアなどに需要が多いことも少なくありません。

地域の特性を見ながら、一つひとつの物件の入居需要を見極めましょう。

次に私がやるのは、物件概要書を見ながら、不動産の「積算評価」がどのくらいかおおよその見当をつけます。

「積算評価」とは、建物と土地を別に評価し、二つを合算（積算）する方法です。

実は、建物の比率が高いと減価償却でどんどん評価が下がります。

土地の評価額は「路線価×土地の面積」で算出されます。

つまり、ある程度の土地の面積がないと評価が下がり、銀行の融資が受けづらくなるため、土地の広さを重視するのです。

物件選びのポイント 3

同じエリアには二つ買わない

私は、不動産物件は惚れ込んだものしか買いません。

不動産物件は、その場所にあるたった一つだけ。同じものは二つとないのです。同じ人は二人といない、人間との出会いと同じような魅力を私は感じています。

たとえて言えば、物件の概要書はお見合い写真のようなものかもしれません。写真を見て「いいな」「見てみたいな」と思ったら実際に足を運ぶ。

そして、好きな女性と初めてデートするときのように、会うのを楽しみにドキドキワクワクしながら見にいくのです。

そのため、これまでに見に行ったことがある物件は、今考えても「あそこはこうだった」「この物件はあんなだった」と、すべて覚えています。

とはいえ、建物は建売住宅のように同じものがあり得ます。

また、建物は古くなったら建て替えたり壊したりしなければなりません。

そういう意味でも、物件を選ぶとき私は「エリア・立地」という土地を重視しているといえるでしょう。

絶対に選ばないのは、津波、地震、液状化や浸水など、災害の危険性がある地域です。

また私は、一つのエリアには一つの物件しか保有しません。いくら良い物件でも、銀座にビルを二つ買いたいとは思わないのです。

セミナーなどでこの話をすると「銀座の女は一人だけってことですか」とからかわれますが、感覚的には近いものがあります。

そうして、さまざまな地域で保有することで結果的にリスク分散になっているのです。

物件選びのポイント 4
利回りなど、自分なりの基準を決める

私の場合、都心だったら利回りは6%以上のものと決めています。

自分なりの基準に合わないものは、物件の概要を確認した時点で候補から除外できますから、ムダに迷うことがありません。

また、建物については原則として、１９８１年（昭和56年6月1日以後）に施行された「新耐震基準」以降のものを選びます。それ以前の物件は、なかなか売れないため利回りがいいものが多いのですが、そこに惑わされてはいけません。

「新耐震基準」前の古い建物は、銀行から融資が受けづらいため避けたほうがいいでしょう。

ただし、手持ち現金で買える物件で、どうしても欲しいものは、割り切って買うこともあります。残りものには福が多いこともあります。

また私は、土地の資産性の比重が高いものを選ぶことにしていますが、契約する際に建物比率が上がる物件を優先します。

なぜなら、建物比率を固定資産税の評価額按分よりも売主との合意により高くすることで、減価償却費を多く計上し、また消費税の還付金を多くすることもでき、節税につながるからです。

合意に応じていただけない場合は、土地、建物の金額を合計で記載し、消費税額は記載しません。合理的に建物金額を割り出して適用します。

合理的に割り出す方法としては、①土地から時価を割り出す、②建物から時価を割り出す、③不動産鑑定士に建物のギリギリ高い金額を出してもらう——があります。

物件選びのポイント 5
物件は好みで選んでいい

不動産投資をスタートするのに「自己資金が少ない」と悩む人がいます。

また、多額のローンを抱えることに不安を覚える人もいるでしょう。

そんな場合は、少額から始められる、戸建てや区分所有を検討しましょう。

地域にもよりますが、戸建てなら300〜500万円、ワンルームマンションなら都心部などでも1000万円以下で手に入れることができます。

ただし、それぞれにメリット・デメリットがあります。

●戸建て

〈メリット〉

・土地がついているので、値下がりしにくい。

・入居期間が長い。

・「ペット可」、「庭付き」などで差別化すると借り手が見つけやすい。

・管理の手間が少ない（入居者が掃除をしてくれるからメンテナンスコストが低い）。

〈デメリット〉

・出回る物件数が少ない。

・銀行の融資を受けにくい（融資が受けられたとしても、融資期間が残存耐用年数以下とされることが多く、現金が残りにくい）。

・リフォームコストが高い。

●区分所有

〈メリット〉

・管理がラク（共有部分の管理は、管理組合や管理会社がやってくれる）。

・物件数が多く、流動性が高い。

〈デメリット〉

・敷地内の設備や共有部分のリフォームが、自分の判断でできない。
・管理費・修繕積立金がかかる。
・空室の影響が大きい（10室あるマンションを1棟所有していれば、一つが空室になっても10分の1。1室しか保有していないと収入が100％ゼロになってしまう）。

私の知るなかでも、戸建てを中心に30軒以上保有している人がいますし、都心のワンルームマンションばかり購入している人もいます。

また、シェアハウスを民泊として運営している大家さんもいますし、ワンルームマンションに外国人を数人住まわせている人もいます。

「不動産投資＝多額の借金を抱える必要がある」と決めつけず、自分が好むやり方や今の状況にあった方法を検討すればいいのではないかと思います。

物件選びのポイント 6

ビルやマンション・アパート「一棟買い」を目指す

不動産投資を始めたばかりのころは、私も区分所有や戸建てを保有していたことがありました。しかし、銀行から融資を受けることができれば、圧倒的に資産を築くスピードが速まるのがビルやマンション、アパートの「一棟買い」です。

ここで簡単に「一棟買い」のメリットとデメリットをお話ししましょう。

〈メリット〉

・一つの物件あたりの収入金額が大きい。
・土地面積が大きくなるので資産価値が高い（銀行の融資を受けやすい）。
・空室の影響が小さい。

〈デメリット〉

・自分で決めて大規模な修繕や改装ができる。

・元手が多く必要。
・流動性が低い。
・維持・管理に多額の費用が必要。

私は、ITバブルが崩壊した2000年に、なけなしの5000万円で西川口のワンルームマンション14戸を1棟、購入。このときから、資産を築くスピードが一気に加速しました。

そして、2005年までにマンション3棟、アパート2棟、区分所有2戸、戸建て2棟を次々と購入し、家賃収入が年間3600万円に達するようになったのです。

本気で資産を形成しようとしたら、いかに効率よく増やしていくことができるかが重要なポイントです。

たとえば、手持ち資金は同じ1000万円で、ローンをせずに「A・区分マンションを購入」、ローンを組んで「B・一棟マンションを購入」した場合を比べてみましょう。

ここでは単純に、経費率などを同じとして税金などは考慮せずに計算しています。

●A・区分マンションを購入

・価格：1000万円
・表面利回り：8％
・年間家賃収入：80万円
・諸費用（空室率、経費）：30万円
・手取り：50万円

●B・マンション「一棟買い」

・価格：1億円
・表面利回り：8％
・年間家賃収入：800万円
・ローン返済のうち利息（年利2％）を含めた諸費用（空室率、経費）：300万円
・返済元金を含めた手取り：500万円

比べてみると、「一棟買い」のマンションのほうが、手取りの金額は10倍以上になります。

これがいわゆるテコの原理、レバレッジ効果です。

収益を次の投資のために、丸々残しておくとして、5年後には「A・区分マンションを購入」の場合、250万円しかありませんが、「B・マンション『一棟買い』」だと2500万円になります。

ただし「B・マンション『一棟買い』」のほうが手取りは多いですが、当然、借入金も大きくなりますので、安定したキャッシュフローが得られる物件選びが大切です。

しかし、この例をご覧いただければ、いかに素早いスピードで資産を築くことができるかおわかりいただけるのではないでしょうか。

物件選びのポイント 7 物件は必ず自分の目で見て確認する

今から数年前のことです。板橋区にある、地下鉄の駅から2分の物件を紹介されました。物件の概要書を見たときは、都心なのに表面利回りが7・5％と悪くありません。土地も50坪くらいと十分な広さがあり、値段も1億円とこの場所にしては手頃です。

「これは、いいかもしれない」と妻と見に行ったら、なんと対象物件の南側の駐車場にアパートを建築中です。このアパートが完成したら、紹介された物件は日が当たらずに真っ暗になることは間違いありません。

だから売り急いでいたのでしょう。

私は、紹介した不動産屋を「なんで、これを紹介するの」と叱りつけました。

もし、物件概要書だけで実際に見に行かずに決めてしまったら、大損害を被ることになっていたでしょう。

実際に物件を見ると、書面や画像とは違う印象をもつことも少なくありません。想像していたよりも道幅が狭く、どん詰まりの場所だった。川が近くにあって水害の可能性が考えられる。日当たりが悪くて暗い雰囲気など、嫌な感じがするときは、私なりの基準を満たしている物件でも絶対に手を出しません。

また、実際に自分で見に行くと、建物だけでなく周辺環境も確認することができます。

たとえば「閑静な住宅街」と書かれていたけれど、単に人気のない場所だったり、駅近でいいと思ったら電車の音がうるさかったりなど、実際に足を運ばないとわからないことはたくさんあります。

不動産物件は、どれだけ条件がよくても必ず自分の目で見て確かめることが重要なのです。私はできるだけ妻と一緒に見に行くことにしています。夫婦で気分転換になるのと、女性特有のカンや嗅覚が頼りになることがあるからです。

満室大家が教える「入居率99％台の七つのコツ」

私はいつも「入居率１００％」を目指しています。

「この物件なら、ここを直してこうすればどうだろう」と考えるのが楽しくてたまらないのです。

実際に、私は5棟目くらいまでは自分で管理し、毎週末に物件を掃除しにいくのを心待ちにしていました。

そうして試行錯誤して身につけたノウハウを、よいところは現在もそのまま受け継ぎ、さらに改善して管理してもらっています。

総務省の統計によると、一般の大家さんが管理している物件の稼働率はおよそ75％、管理会社などのプロが管理している物件でさえ90％という数字が出ています。

私が保有する80棟は、入居率ほぼ99％台——管理会社の人たちの頑張りによることはもちろんですが、どうしたらこれだけ高い稼働率を維持できるのか、七つのコツをお話ししましょう。

①ケチらずにきちんとリフォームをする

よく「人との出会いは第一印象が大切」といわれています。

そして心理学では、髪型や服装などの見た目から受ける印象が5割以上だと考えられています。

不動産物件も人との出会いと同じです。

入居者さんが見にきてくれたとき、壁紙が汚れていたり、フローリングがはがれたりしていたら、みすぼらしい印象を与えます。

機能的に考えれば、壁紙やフローリングの張り替えは、10年はしなくても大丈夫かもしれません。そのため、少しでも支出を減らそうとして放置する。そんな大家さんが少なからずおられます。

でも、破れたりめくれたりした部分を補修するだけでも、見た目は大きく変わります。

ケチったりめんどくさがったりせずに、退去があったらこまめにメンテナンスを行いましょう。

これが「入居率99%台の七つのコツ」の一つめです。

部屋のなかだけではありません。

外壁が汚いと、それだけで暗く汚れた印象を与えます。

汚れやシミが目立つようになる前に洗浄し、定期的に塗装を行いましょう。

集合ポストが錆びていたりチラシが散らばっていたりする、または雑草が伸び放題だったりするのも、管理の状態や入居者の質が悪いと受け取られます。

そうした細かい点に心配りすることが、部屋だけでなく物件全体の価値を高めるのです。

ただし、ムダに高いお金をかける必要はありません。

費用対効果を考えて、日頃からお手頃な値段でキチンとリフォームしてくれる業者さんにアンテナを張っておく。

支出は最小限に抑えながら、必要なことにしっかり費用をかける。

そのことを意識して、部屋や建物の管理を行いましょう。

②仲介業者にインセンティブを払う

本来なら、不動産仲介業者に払う手数料は入居者と大家さん、両方からの合計が家賃の1カ月以内と決められています。

つまり、一般的には入居者さんが「仲介手数料」を家賃の1カ月分支払いますから、大家さんが払う義務はありません。

しかし東京であれば、大家さんも「広告宣伝費」という名目で、最低1カ月を払っているのが実情です。

ところが私は、決まりにくい時期などは特に「2カ月以内に決めてくれたら、『広告宣伝費』を2カ月分払うよ」としたり、ときには3カ月分払うとしたりしたことさえあります。

これが「入居率99%台の七つのコツ」の二つめです。

「広告宣伝費」は、非常に効果的です。

これまで「広告宣伝費を2カ月払う」といって決まらなかった物件はありません。それなのに、1カ月の広告宣伝費でさえ惜しむ大家さんがたくさんおられます。

不動産投資をビジネスとして考えれば、時期を逃して6カ月入居がないくらいなら、広告宣伝費を2カ月分払っても、すぐに決めてもらったほうがいいのはわかるはずです。

でも、目先のキャッシュを失うのがイヤで、ずるずると損を引きずってしまう。

どれだけよい物件であっても、そのよさを伝えるのは営業マンです。したがって当然、自分の物件のメリットは営業マンに十分伝えておく必要があります。

「この物件を紹介しよう」というモチベーションをもってもらうために、広告宣伝費は上手く活用すべきだと考えています。

③フリーレントを活用する

「入居率99%台の七つのコツ」の三つめは、入居者に訴求する「フリーレント」です。

フリーレントとは、一定期間、家賃が無料になる契約のこと。入居までの日割り家賃をタダにすることもあれば、1～数カ月、無料にするケースもあります。

その代わりに、契約の途中で退去することがあれば「短期違約金」として、賃料の1～2カ月分をお支払いいただくというシステムが一般的です。

引っ越しというのは、なにかと費用がかかります。

また、契約更新にあわせて新居を探しても、すぐに見つかった場合、現在、入居している部屋と契約期間が重なり、二重の家賃が発生することもあります。

そのため「数週間から数カ月の家賃が無料になるなら」と、入居者の背中を押してくれるのが「フリーレント」なのです。

④物件の最寄りだけでなく、沿線の業者にもお願いする

退去があることがわかったら、できるだけ速やかに次の入居者さんを決めたい。そう考えるなら、物件の地元だけでなく、沿線の仲介業者さんも積極的にまわることです。

これが「入居率99％台の七つのコツ」の四つめです。

私の例でいえば、埼玉の志木の物件が空いたとします。その場合、志木だけでなく、朝霞台、和光市、成増といった沿線の駅の仲介業者さんにもお願いにいくのです。

実は、最も効果的だったのが、池袋の仲介業者さんに頼んだことです。

埼玉県の志木の物件を東京の業者さんに頼むのは、一般的にはあまり考えられないかもしれません。でも、東武東上線の沿線に住むことを考えている入居者さんは、ピンポイントに各駅をまわるのではなく、まず池袋の業者さんにいく確率が高い。特に、地理的に不

案内である上京したばかりの人たちは、まずはターミナルの駅で「この沿線で、予算はこれくらいでいいのないですか？」と探します。

「そんなのムダじゃない？」などと、やってみる前から考えず、「ダメモト」で試してみると意外によい結果が得られるはずです。

⑤家賃は「5万円」でなく「4万8000円」に設定する

近年は、ほとんどの人がまずインターネットで検索します。希望する地域と広さの物件相場をチェック、いくつか目当ての物件を見つけてから実際に仲介業者に相談にいきます。

そのため、物件をネットに掲載するときにはいくつかのポイントを押さえなければなりません。なかでも最も大切なのが、家賃の価格設定の仕方です。

これが「入居率99％台の七つのコツ」の五つめです。

不動産賃貸のポータルサイトでは、家賃の上限を5000円刻みで「3万円」「3万5000円」「4万円」「4万5000円」のように指定できるのが一般的です。そのため、もし家賃を5万円に設定すると、5万円以上のカテゴリーに入ってしまうので「4万円代で」探している人の検索に引っかからなくなってしまいます。

家賃を5万にしたいと考えたら「家賃4万8000円＋管理費2000円」とします。

「そんな原始的なテクニックでほんとうに入居者がつくの？」

と思う方もおられるかもしれません。

しかし、これが想像以上に効果を発揮してくれるのです。

⑥「敷金」だけは必ず1カ月分もらう

「入居率99％台の七つのコツ」の六つめは、「敷金を必ず1カ月もらう」ことです。

関東地方では、入居時に「敷金」と「礼金」を賃貸借契約の初期費用として支払ってもらうことが一般的です。

「敷金」とは、退去時の原状回復費用や万が一、滞納があった場合に備えて預かるお金で、「礼金」は、名前の通り、お礼の名目でいただくお金です。

近年では「ゼロ・ゼロ」を売りにして、敷金、礼金ともにいただかない物件も増えてきています。

でも私は、「敷金」だけは最低1カ月分は必ずもらうようにしています。なぜなら「敷金」を払った入居者さんは「全額戻ってくるようにキレイに使おう」というモチベーションが働くからです。

入居者さんの心構えの違いは、思った以上に大きいものです。「ゼロ・ゼロ物件」にして好き放題に使ってもらうと、別途いただくハウスクリーニング代では追いつかないほど雑に使う可能性も考えられるでしょう。

また、私は物件の購入を検討するとき、「レントロール(賃貸状況一覧表)」を必ず確認し、敷金をもらっているかいないかチェックします。

なぜなら、敷金や礼金をもらえていない「ゼロ・ゼロ」の場合、ゼロにしないと入居者が入らない、地域で競争力が低い物件だと考えられるからです。

満室にするには、家賃を下げなければならない可能性があり、利回りが想定よりも下がりますから、つまりあまり良い物件ではないということになります。

また反対に、敷金が2カ月入っている入居者がいたとすると、相当前から住んでいることがわかります。つまり、退去したときにかかるリフォーム代なども考慮しながら、購入を検討しなければならないのです。

またこの人が退去すると、古くなった分、家賃を大幅に値下げして募集しなければ成約しない可能性が考えられるでしょう。さらに長く住んでいると、退去時の修繕費が大きくなります。

⑦担当者にある程度の権限を与える

引っ越し期日が迫っている入居者さんは、一刻も早く住む場所を決めて安心したいと思っているものです。

それなのに、なにか質問されたり家賃の値引きをお願いされたりしたとき「確認しますね」と待たされたら、気持ちがほかの物件に動く可能性もあります。

そのため私は、仲介業者の担当者さんにある程度の権限を与え、いちいち私に確認しなくてもいいようにしています。

たとえば家賃が4万8000円の場合、「2000円までなら値引きしていいよ」と事前に伝えておくのです。

たいていの場合、入居者さんは「もう少し安くならない？」と値引き交渉をしてきます。「4万5000円になりませんか」と言われたとき、グズグズしていたらほかの4万7000円の物件に決めてしまうかもしれません。

しかしそこで、「うーん、わかりました。4万6000円でどうでしょう？」「ただし、今、ここで申し込みしていただくことが条件です」と担当者が言えれば、その場で決めてもらえる確率が高くなるのです。

私が見てきた「ダメ大家」さんの三大特徴

では、ここからは、せっかく物件を持っているのになかなか空室を埋めることができない「ダメ大家さん」の特徴をお話ししましょう。

①必要なところにお金をかけない

まず一つめの特徴は、「必要なところにお金をかけない」ことです。

「入居者さんに選ばれる」という目的に対し、効果があるところにお金をかけていないのです。

そればかりか、なかにはムダなところにばかりお金をかけている大家さんが少なくありません。

たとえば、マンションの入り口に豪華なツボや置物が置いてある。もしかしたら「リッチな雰囲気」を演出したいのかもしれません。でも、私にいわせれば逆効果です。

そんなところにお金をかけるくらいなら、植木の手入れをしたり粗大ゴミを片付けたりするほうが、よっぽど清潔で手入れの行き届いた印象を与えます。

また、室内に関していえば、やたらと床材や壁紙に凝ったりするのに、和式のトイレがそのままだったり、キッチンが古びたままだったりする。

賃貸で借りる人は、よほど趣味が合うものでない限りは、シンプルで清潔な部屋を選びます。

また、たとえ床材が高級なものであっても、家賃を何万円も値上げするわけにはいきません。

近年、入居者さんに人気の設備は、単身者であれば「インターネット」「宅配ボックス」「オートロック」「浴室乾燥機」「独立洗面化粧台」など、ファミリーであれば「インターネット」「オートロック」「追い焚き機能」「システムキッチン」「ウォークインクローゼット」などといわれています。

費用対効果をよく考えたうえで、求められているものを備えるべきでしょう。

②なかなか決断ができない

「ダメ大家さん」の二つめの特徴は、「なかなか決断ができない」ことです。

これは特に、費用が発生するときに顕著です。

たとえば、何カ月も空室なのに、仲介業者に広告宣伝費を払う決断ができない。エレベーターが故障しているのに、修理の費用が惜しくて何週間もほうっておいたら、どんどん退去されてしまうでしょう。

立地がいいのに和室を洋室に変えないから、家賃を下げても入ってもらえないケースもよく見かけます。

私は損失がずるずるとかさむのに、そのままにしている大家さんを見るたびに、自分なりの期限を決めるべきだとお伝えします。

たとえば、私が投資をするとき「資金が半分になったら、潔く撤退する」と決めたように「6カ月入居がなかったら、和室を洋室に変える」と決めるのです。

また、すべて人任せにして自分ではなかなか決断しない人もいます。

何カ月も入居が決まらないのに「内見はしてくれるんですけど……」という仲介業者の言葉を鵜呑みにしてそのままにする。そんなときは、ほかの不動産会社にも頼んでみましょう。

そして、成果を出してくれた業者さんに次からお願いすればいいのです。

以前、私が物件に掃除にいったとき、放置自転車が積み重なっていたことがありました。管理会社に連絡をして処分をお願いすると「敷地内だから、警察も市役所も処理してくれない」というのです。

腹がたった私は、自分で自転車を粗大ゴミ置き場に移動し、市役所に電話して処分してもらいました。

その後、この管理会社にお願いするのをやめたのはいうまでもありません。

③ボヤくだけで行動しない

「なかなか埋まらないんだよね」

「滞納されちゃって、払ってくれない」

こうぼやきながら、解消するために必要な行動をなかなかとらない。それが「ダメ大家さん」の三つめの特徴です。

最近では管理してくれる方にお任せしていますが、まだ物件数が少ないころは、私は滞納者の対応も自分で行っていました。

一般的に、家賃が遅れた人に対しては、管理会社が書類でお知らせし電話で催促します。

その間、2週間ほどでしょうか。

でも私は、遅れているのがわかったらすぐに連絡し、2週間以内には払ってもらうようお願いしていました。

具体的には、書類、電話での連絡もしますが、物件の掃除に行ったついでに、必ず滞納している人の部屋を訪ねていたのです。

部屋にいたら、自分は誰でなぜここにいるかを伝え、ドアを開けなくてもいいので「なぜ、遅れているか」「分割でもいいので、具体的にいつまでなら払えるのか」教えてほしいと話します。

そして、そのことをメモでもいいので書類に書いてもらって残します。腹を割った約束を明確にすることで、お互いに覚悟を決めることが重要なのです。

もちろん、ノックしても応答がない人もいます。その場合は「お家賃が遅れていますので、連絡をお願いします」「いつ頃までに払ってください」などと手紙を書いて置いてくるのです。

これは効果てきめんです。

滞納された金額が100万円を超えて、私が弁護士を紹介した大家さんがいましたが、そうなる前に素早く決断して、行動することが大切なのです。

こうして「素早く決断→行動」するのは、第2章でお話しした「儲かっている社長」の特徴そのものです。

大家さんも「不動産賃貸業」というビジネスです。

空室の原因と考えられることや、滞納があるなら解消するよう手を打つことで、入居率が高くなり利益率が改善するのです。

第4章

税理士大家がこっそり教える節税の秘策

税金は「知らない人」は損をする

私は税金に関して、「知らない人が損をして、知っている人はトクをする」と考えています。

なぜなら、税務署は税金を徴収するのが仕事ですから、払う必要のない税金について親切に教えてくれることはないからです。

また、払い過ぎている場合もわざわざ伝えてくれることはないでしょう。

自分のお金は、自分で守る必要があるのです。

もちろん、忙しい大家さん、経営者、そしてビジネスマンが、ご自身で税務の知識を身につけるのは難しいでしょう。税法の解読は難解なうえ、税務に必要な法律は毎年のように変わっているからです。

たとえば、近年「交際費課税の特例措置」という制度が設けられているのをご存知でしょうか？

税法では基本的に、法人の交際費の損金算入は認められていません。

これは「冗費の節約」と呼ばれ、国からするとムダ使いと考えられています。

しかし、2020年3月現在の法律によれば、資本金1億円以下の中小法人に限り、次のいずれかを選べる特例が認められています。

①最大で800万円まで損金として計上する（定額控除）。

②上限なく交際費（飲食費）の半額を損金計上する。

2013年度の改正以前は、定額控除内であっても、交際費などの10％は損金として計上できませんでした。

しかし、2013年度より、定額控除を適用する場合800万円まではすべての交際費を損金として計上できるのです。

こうした正しい知識をもっていれば、合法的に節税するのは難しくありません。

私は、できるだけ多くの方に、払う必要のない税金をできるだけ減らし、資産を増やして豊かになっていただきたいと思っています。

第4章では、35年以上も税務のプロとして、3000社以上の会社の経理や税金面でのサポートをしてきた私が教える、究極の節税法をご紹介していきましょう。

ふるさと納税は株主優待よりお得？

まずは、誰でもできるとても簡単な節税法として、私もやっている「ふるさと納税」についてお話ししましょう。

「ふるさと納税」とは、年間上限額内の寄付であれば、寄付金の合計から2000円を引いた分が、所得税や住民税の控除の対象となる制度です。

控除上限額は、年収や家族構成によって異なりますが、現時点での大まかな目安としては次の通りです。

●単身者・（配偶者控除のない）共働き夫婦

・年収300万円（2万8000円）
・年収400万円（4万3000円）
・年収500万円（6万1000円）

●夫婦のみ（配偶者控除あり）

・年収３００万円（１万９０００円）
・年収４００万円（３万３０００円）
・年収５００万円（４万９０００円）

「ふるさと納税」は、自分が住んでいてもいなくても、また出身地でない自治体でも寄付をすると、返礼品が送られてくる仕組みです。特典は、以前はその土地の名産品である、牛肉やお米、フルーツやお酒などのグルメが主体だったのが、近年では家電製品や宿泊券などバラエティに富んでいます。

ただ、最近では「払戻率は寄付金の3割程度の品」「地元の品物」などに限定されるようになってきていますので、よく確認することが必要です。

「なんだか〝株主優待〟と似た仕組み?」と思う方もいるかもしれませんが、ふるさと納税のほうがリスクはぐっと低くなります。

なぜなら、株主優待を得ようとしたら、かなりの金額を投資しなければなりませんが

「ふるさと納税」は1万円程度から可能だからです。

さらに、株主優待では、株を持っている企業の特典しか得ることができません。たとえば、牛丼チェーンの株だったら、牛丼しか食べることができません。

しかし「ふるさと納税」だったら、自分の好みで選ぶことができるのです。

どっちにしろ支払わなければならない税金であれば、好みの自治体に支払ってもなんら問題はないといえるでしょう。

ただし、還付を受けるには「ワンストップ特例の申告」、もしくは「確定申告」が必要になりますので、確実に手続きをするようにしてください。


また「ふるさと納税」を、税金の観点からするとこう考えられます。

国税庁の見解によると、返戻品は「一時所得」に該当するとされています。

一時所得は、特別控除50万円を収入金額から差し引き、さらにその2分の1に相当する金額を、給与などのほかの所得と合計し、総所得金額を算出し、所得税の税率から税金を求めます。

つまり、

｛（総収入金額－その収入を得るために支出した金額－特別控除額50万円）×2分の1｝×税率

という計算式となります。

仮に返戻品の金額が、物の値段として100万円だったとしましょう。

これはお金ではなく「物」ですから、税法では7割の70万円の価値と考えます。

そこから特別控除の50万円を引くと、残りは20万円。

その2分の1となると、一時所得の金額は10万円になります。

つまり寄付金額が230万円だと、「230万円×30％×70％－50万円」で、一時所得は0以下になり、課税されません。

もちろん、所得に応じる最適寄付金額が230万円を上回ることが、大前提にはなりますが……。

外資系企業が多くやっている「プチ節税」

企業が同意すれば、合法的に社員の「プチ節税」ができる方法があります。

それは、給与の一部を社宅家賃として支払うこと。

会社勤めで給与所得を得ている人は、年収に応じて「給与所得控除」があります。「給与所得控除」とは、所得税などの税金を計算するときの基盤となる給与所得金額を算出する際に、収入に応じて差し引かれる控除です。

年収が180万円以下の場合、「収入金額×40%－10万円」(2020年改正)、収入が上がるごとに控除割合は小さくなり、

180万超から360万円以下だと「収入金額×30%＋8万円」、

360万円超から660万円以下だと「収入金額×20%＋44万円」、

660万円超から850万円以下だと「収入金額×10%＋110万円」となり、

850万円を超えると195万円が上限となります。

特に収入が多い外資系企業の社員の場合、850万円を超えると、給与所得控除金額は195万から増えなくなりますので、給料を減らしたうえで差額分を「社宅家賃」として支払えば、そのぶん、税金がかからなくなるのです。

また、社宅家賃を支給することで社員のモチベーションにつながり、退職防止にもなるでしょう。

ただしこの場合、社宅の賃貸契約は給与を支払う企業側が締結し、従業員に社宅として賃貸する必要があります。

そして、従業員から家賃の1割程度を「社宅費」として徴収しなければなりません。

もう一つ、社員も企業もハッピーになる節税法があります。

私が税理士人生35年の間に編み出した手法を、ここで特別に伝授しましょう。

特に、建築会社や不動産会社など、営業や職人さんを多く抱える企業にうってつけの節税法です。

たとえば、600万円の給与を支払う社員が10人いるとしましょう。

600万円の3分の1を雇用契約（給料）とし、3分の2を請負契約（外注費）に変更するのです。

雇用契約を結んだ分の給与は、企業は社員に消費税を払う必要がありません。

しかしこれでは、特に人件費が大半を占める建設業などでは、お客さまから預かった消費税から差し引いて計算することができず、税務署に丸々支払うことになって、負担に感じる経営者が多くいます。

そこで、3分の2を外注費にできれば、消費税を差し引くことができるようになります。

400万円×10（人）×110分の10＝363万円

つまり、363万円の消費税の支払いをマイナスすることができるのです。

2020年3月現在、消費税は課税売上が1000万円までは免税制度が適用されます。

請負契約分のほとんどは1000万円に満たないはずですから、社員も消費税を支払う必要はありません。

また、社会保険料（健康保険、厚生年金、雇用保険）は社員と企業で折半し、労災保険は企業側で負担しますが、企業の負担分は給料のおよそ15%です。

固定給を支払い、社会保険料も負担する場合と比較すると、請負契約に変更した分の400万円が、「15％負担する社会保険料×10人分＝600万円」を毎年支払わずにすむことになるのです。

ただし請負は、明確な基準を決めて契約することが、税務上必要です。

建築会社を例に挙げると、「成績に応じた歩合を支払うこと」もしくは「仕事を完成させた範囲によって支払うこと（平方メートル、または坪単価で支払う。どうしても決められない場合は日当金額でも可）」をハッキリと明記した契約書を交わしておくことです。

また、請負契約書には、必ず収入印紙を貼り割り印をします。

さらに請求書を発行し、請負の内容を明記しておきます。

報酬はなるべく振込で支払って記録を残します。もし現金で支払う場合は、必ず領収書を作成して収入印紙を貼り割り印をします。さらに、すべての書類には「消費税を含む」と明記することを忘れないでください。

請負契約の割合を増やすと、社員にとってもお得な点がいくつもあります。

確定申告をする必要はありますが、これまではもらった給与から支払っていた家賃の一部を事務所として必要経費にしたり、請負の分に相当する通信費や交際費も経費にしたりすることができるようになります。

税金は総額で、何十万円も安くなるはずですし、社会保険料も3分の1になります。

もちろん、支払う社会保険料が減ると、将来的にもらえる年金の金額は減少します。

しかし、個人的な見解ですが、支払いが減った分を個人で投資にまわすことも可能でしょう。

この方法をお伝えすると、消費税や社会保険料の負担などで悩む企業から「今までにない画期的な節税法」と絶賛されています。

ただし2023年10月より、消費税は「適格請求書保存方式」、いわゆる「インボイス方式」が実施される予定となっています。

「インボイス方式」とは、課税事業者が発行するインボイス（請求書や納品書）に記載された税額のみを控除できる仕入税額控除のことです。

「インボイス方式」が始まると、免税事業者は税務署からインボイス発行の許可がもらえないため、課税事業者になることを選択せざるを得なくなります。

課税事業者でないと、取引から排除されてしまうからです。

つまり、実質的な免税はなくなってしまうため、それまでの期間は今回のスキームを実行し、その後は従業員の請負分に消費税を上乗せして支払ってあげることになります。

そうすれば、社会保険料の負担軽減などのメリットはどちらにも残るのです。

副業をすると青色申告の65万円控除が使える

基本的に私は、サラリーマンでも経営者でも「一番儲かる商売」だと考える不動産投資を副業としてお勧めしています。

先にお話ししたように、「金持ち大家さん」になるためには、多額の頭金を用意したり、借金を抱えたりする必要はなく、一人ひとりにあったやり方で不動産投資を始めることができるからです。

また、不動産投資に限らず、副業を始める利点として大きな節税効果があげられます。

特に大きいのが「青色申告特別控除」です。

税務署に所得と納税額を申告する確定申告には「白色申告」と「青色申告」がありますが、個人事業や不動産事業を営む人が、正規の簿記の原則に基づいて記帳した帳簿をもとに申告をする「青色申告」であれば、収入から最大65万円も差し引ける特典があります。

ただし、事業的規模に達しない雑所得に該当してしまう場合、青色申告は適用されないので、注意が必要です。

さらに「青色申告」では、家族への給与が全額経費になる「青色事業専従者給与」制度があります。

「白色申告」の場合「専従者控除」で控除できるのは最大86万円までです。

しかし、「青色申告」であれば、金額に上限はないのです。

ただし、遅滞なく届け出をして、家族がもっぱらその業務に従事していること、そして業務に見合った給料であることという条件を満たしていなければなりません。

また副業をして「青色申告」で申告をする税制上のメリットはほかにもあります。

個人で申告をする場合、「青色申告」で行えば、「純損失の繰越控除」を使うことができるのです。

これはどういうことかというと、赤字になってしまったときに、損失を翌年以降3年間に発生した黒字と相殺できるのです。

「白色申告」であれば、たとえ1年前が100万円の赤字でも、今年の利益が200万円あれば、200万円分の税金を払わなければなりません。

しかし「青色申告」であれば「(利益)200万円－(昨年の赤字)100万円＝100万円」の税金を支払えばいいのです。

さらに、パソコンや車などの1年以上使用する備品で10万円以上のものは、本来なら使用できる期間にわたり、減価償却しなければなりませんが「青色申告」の届け出をしている事業者なら、30万円未満であれば、年間300万円を限度として全額費用にすることができるのです。

こうしたポイントは、副業や不動産投資を始めてから意識するのでは遅いといえます。なぜなら、知っておけば「65万円も控除になるなら、帳簿をつけておこう」など、節税のポイントを押さえた行動が事前にとれるからです。

税法は毎年変わりますが「青色申告」をするのは、基本的で効果が高い節税手法になりますから、ぜひ覚えておいてください。

ちなみに「白色申告」でも、自宅兼事務所であれば、家賃、電気代、インターネット代、電話料金などを按分し、事業の経費に計上することができます。

また、事業を開始する前の準備費用も、領収書などを保管しておけば、事業開始後の必要経費にすることができます。

ただ、その結果赤字になっても「繰越控除できない」と考えて損失をみすみす捨ててしまうのはもったいないです。

そんな方にはここで、とっておきの方法をお教えしましょう。

それは、一時の必要経費に計上せずに、減価償却資産や開業費などの「繰延資産」として処理するのです。

そうすれば、その後、毎年少しずつ償却して税金を減らすことができるのです。

これは、費用を繰り延べることによる節税の裏技で、私が自分の税理士事務所を開業した時からやっている方法です。

節税効果
青色申告
副業

不動産投資で賢く節税 1

税理士だからわかる不動産の節税

税理士事務所は近年、「個人の確定申告」「企業の決算確定申告」「相続や贈与の手続き」「節税対策などの税務相談」などに加え、「経営計画によるコンサルタント」や「消費税の還付」といった強みや得意な分野を備えるところが増えています。

私たちの事務所の特徴の一つは、税務調査に強いことです。

次に、製造、建築、印刷、サービスなど、幅広い業種の中小企業の手助けをしてきたことも挙げられるでしょう。

そして、なんといっても、自らが実践している不動産投資を使った節税にどこよりも詳しいのが特徴です。

第4章のここからは、不動産投資でどうやって節税しつつ、資産を増やすスピードをアップできるか、お話ししていきましょう。

不動産投資には「不動産を取得する前」、「物件を買い増していくとき」、「不動産を次世代に引き継ぐとき」の3段階にわたり節税できるポイントがあります。

「不動産を取得する前」で、多くの人が気づかずにいるのが印紙です。「用紙などに課税事項を記載し行使」するときは印紙が必要と定められています。不動産の売買契約では、契約書に収入印紙を貼付することで、印紙税を納めているのです。

たとえば、3億円の物件を購入するときは、本来であれば10万円、現在は特例により6万円の収入印紙が必要になります。不動産業界の慣習として、売主と買主に1通ずつ契約書の原本を渡すとすると、そこで12万円がかかります。

でも、売主が「もう売却してしまうのだからコピーでいい」となれば、印紙代は半分になり、お互いに3万円ずつの節税になるのです。

もしあなたが「そんな小さなこと?」だと思ったとしたら、節税はなかなか難しいかもしれません。

できるところから、1000円、1万円と積み重ねることによって、最終的に大きな金額になるのですから。

2 物件購入時の消費税還付で投資を拡大

2019年10月から、いよいよ消費税が10%になりました。

10万円の買い物であれば1万円、100万円なら10万円の消費税です。

1戸、1棟の金額が大きい不動産物件で、消費税の還付ができたらどれほどありがたいでしょうか。

また、節税できれば、次の投資の頭金にもなるでしょう。

ここで、私が行っているテクニックの一つをご紹介しましょう。

1棟で3億円の物件を購入するとしましょう。

固定資産税評価額などを使った一般的な按分法で算出すると、東京あたりで平均すると建物は1億円くらい、そして土地が2億円になります。都心であれば、土地の割合が高くなり建物は30%くらいのこともよくあります。

不動産売買では、消費税は建物のみに課税され土地は非課税です。

そこで、売主さんに「建物が気に入って購入する」ことを強調して、建物と土地の割合を半々にしてもらうのです。

ただし、むやみに誰でもお願いすればいいわけではありません。売主さんが消費税の課税事業者だと、建物の割合が増えれば、自分が払う消費税も増えますから嫌がるでしょう。

売主さんの状況を見極めて、相談する姿勢をもちましょう。

もし、建物の割合を高くしてもらえないときは、土地と建物を分けず、合計金額だけ記載してもらうことです。

これは法律違反でもなんでもなく、それぞれが合理的に計算して申告すれば問題ありません。

その場合「相続税路線価」や公示価格、取引事例などから土地の価格を算出し、

①売買価格から土地価格を控除する
②建物価格を再調達価格から算出する
③固定資産税評価額から土地価格と建物価格を按分して算出する

などの手法で算定します。

建物の割合を算出するときは、固定資産税評価額で按分する方法を基準にして、それよ

りもできるだけ建物価格が合理的に多くなるように、①→②→③の順番で採用するのが得策です。

建物や付属設備構築物は減価償却もできますので、どうしても多くしたいときは不動産鑑定士の「意見書」も効果的です。「意見書」は「鑑定書」より安く作成してもらえます。ただし、2020年度税制改正大綱で、住宅に関わる消費税等は課税仕入を認めないという厳しい改正が予定され、4月以降は相当難しくなると思われます。

もちろん、税務署に算出根拠を示したほうがいいでしょう。

建物の金額が1億円上がれば、払う消費税は1000万円増加します。

これを取り戻すことができれば、不動産取得税と登記費用をまかなえるくらいにはなりますから、1棟、2棟と買い進めるうちに、相当な違いになるのです。

実は、アパート、マンションなどの住宅の消費税還付は規制が多く難しいのですが、私たちは、果敢に挑戦し、毎年100件以上を成功させています。

もちろん住宅以外の店舗や事務所、倉庫などの消費税還付は今後も可能ですので、すべての還付ができなくなるというわけではありません。

不動産投資で賢く節税

3 法人設立で節税できる分岐点

「青色申告」の65万円控除は、個人事業主だけが使える特権です。

ですから、不動産投資を始めたばかりであれば、まずは「青色申告」を選択することが節税という観点からオススメです。

不動産物件を手にし「青色申告事業者」になれば、領収書の保存や記帳である程度の経費も認められます。不動産に関する書籍やセミナー、物件を見に行ったときの交通費なども利益から差し引くことが可能です。

では、いったいどのくらいの事業規模になったら法人を設立したほうがいいのでしょうか。

私は「課税所得が330万円」が一つのポイントだと考えています。なぜなら、個人の実効税率（所得税、事業税、住民税）は、課税所得が330万円を超えると30％になってきます。

このあたりから個人の税率が法人を上回ってくるため、法人のほうが課税水準が安くなる可能性があるのです。

ただこれは、あくまでも大家さん専業の場合です。サラリーマンの場合は当然、給与収入があります。年収が500～600万円くらいある方であれば、すでに課税所得が330万円を超えていることも考えられます。

一つの目安として、サラリーマンの場合は、減価償却費を計上すると利益がマイナスになる場合は個人、プラスになる場合は法人がいいでしょう。

また、法人の実効税率は、現在約34％ですが、課税所得が800万円以下の中小法人は軽減税率が適用され、400万円までは約21％、400万円から800万円までは約24％です。

つまり、利益が800万円以下であれば、一つの法人で複数の物件を取得していけばよく、800万円を超えるようになったらまた別に法人を設立するのが賢い節税のポイントなのです。つまり多法人化スキームです。

税金面から考える、法人のメリットとしては、

①最高実効税率が個人より低い（個人は約58％、法人は約34％）

②赤字が10期繰り越せる（個人は3年）
③経費の幅が広い
が挙げられます。

お話ししたように課税所得の金額を見極め、個人から法人に、そして複数の法人設立が、私も実践している節税のコツなのです。

不動産投資で賢く節税 4

法人なら家族旅行も経費？

実は、個人事業の場合、法人に比べ経費が認められにくいという側面があります。なぜなら個人の必要経費は「収入を得るために使ったものでなくてはならない」という考え方があるからです。

たとえ所有物件を回るつもりで買ったクルマにしても、車両代金やガソリン代はすべて経費として認められるわけではありません。週に1回、週末だけ点検に行くだけなら「30日のうち5日」が収入を得るために使った期間と考えられます。

そのため、クルマにかかる費用の6分の1程度しか経費として認められない可能性が高いでしょう。

また「不動産に詳しい友人との情報交換会」だったとしても、食事代を経費として提出しても、大幅に削られることのほうが多いでしょう。

一方で、法人の活動は、原則、すべて「収入を得るため」だという考えがあります。そのため、経費として提出したものが否認されることはあまりないのです。

私は、顧問先の家族旅行も法人の経費の「交際費」として堂々と提出します。「福利厚生費」でないところがポイントです。

それを見た税務署員は、必ず「社長、旅行って奥さんと二人ですよね」「これダメですよ」と言ってきます。

しかし、実は税法で「交際費」は、「交際、接待、慰安、贈答、饗応、その他、これらに類する行為」と定義されています。つまり、社長に対する「接待」や「慰安」だという主張が通るのです。

さらに「その相手方は取引先、仕入れ先、株主、役員、従業員含む」とも書かれています。妻が役員や従業員であれば、法律になにも違反していないのです。

私が「交際費の規定を、よく読んでから言ってください」というと、担当者は上司に相談に行きましたが、当然ですが経費として認められたのです。

不動産投資で賢く節税

5 減価償却を長引かせて節税

不動産物件には住宅用の用途構造の場合、建物の材質により「木造22年」「重量鉄骨34年」「鉄筋コンクリート47年」と、耐用年数が定められています。耐用年数とは、もちろん「建物の寿命」ではなく、税法上で減価償却する基となる数値です。

10万円以上で使用可能期間が1年以上ある資産は、法的に決められた年数で分割して計上するルールなのです。

たとえば、新築の木造アパートを購入した場合、22年にわたり費用として計上することができます。

もし、築25年の中古の木造アパートを買った場合は、すでに法定耐用年数を超えていますので、その場合は、

「償却年数＝法定耐用年数×０・２」

で導きだすことができます。これは「簡便法」といわれています。

つまり、このアパートは4年で減価償却できることになります。

しかし、築古物件とはいえ、アパート1棟の価格は安いものではありません。仮にその物件の建物金額が３０００万円とすると、４年で減価償却すると1年に７５０万円となります。

もちろん、減価償却している間は、かなりの節税になるでしょう。しかし、７５０万円の経費がなくなった5年目からは、家賃収入から差し引く減価償却費が0になり、所得が大幅に増加することになるため、いきなり税金がかかってきます。よほど事前に備えておかない限り、かなり苦しくなるはずです。

私はこれまで、一気に減価償却してしまったため、そのあと厳しい状態に陥った大家さんを何人も見てきました。

私はあえて減価償却を長引かせ、建物の金額を長期にわたって償却して節税する方法を提案することがあります。

「法定耐用年数」ではなく「経済的耐用年数」を使えば、決められた年数に縛られることはないからです。ちなみに、この方法は「見積法」ともいわれています。

では「経済的耐用年数」はどうやって決まるのかというと、法律では「経済的耐用年数」は、中古資産においては「実態に基づいて自分で決めなさい」と書かれています。

つまり、常識の範囲内であれば、自分で設定することができるのです。

一般的には、新築してから木造は50年、重量鉄骨は60年、鉄筋鉄骨なら70年は使えます。

もちろん、それぞれの状況によって、木造なら建物全体を4年で償却し、さらに建物付属設備や構築物はすべての構造について新築時、建物と分離して15年の償却が認められていますので、建物と分けて最短3年という短い償却期間で減価償却費を多くし、赤字にすることができ、これによって「損益通算で所得税の還付などを受ける」のもいいでしょう。また、「10年で償却して黒字。銀行評価を上げる」のもいいでしょう。

お客さん一人ひとりにとって何がベストなのか、どうすれば最大限に節税できるのかを常に考えていると、法に基づきながらも柔軟に対応することができるのです。

6 相続税対策は不動産が一番

2015年に相続税法、および贈与税法が改正された影響で、それまで相続税とは関係なかった人々の層まで納税の対象になりました。

このときの改正の一番大きな変化は、基礎控除の金額です。

改正前は「5000万円+(1000万円×法定相続人)」だったのが、「3000万円+(600万円×法定相続人)」となったのです。

これは40%の減額です。

つまり、一般的な会社勤めの方まで、相続税対策が必要となるケースが増えてくるといえるのです。

また、もう一つの改正点は税率のアップです。

最高税率が5%上がり、55%になりました。

所得税の税率も5%上がり、最高税率が45%台になったため、実効税率は約58%になったのです。この58％の内訳は、所得税のほかに復興所得税約1％、住民税（都道府県民税・市民税）10％、個人事業税約2％（実効税率）です。

私が自分で実践し、セミナーなどでもオススメしているのが、不動産を使った「相続税対策」です。

なぜ、不動産投資が相続税対策になるかというと、賃貸不動産経営が不動産そのものの評価額を下げることになるからです。

たとえば、アパートを1棟保有しているとしましょう。

建物と土地は別々の方法で評価されるので、ここでは簡単に建物がどう評価されるのかを説明します。

アパートの建物の相続税評価額は「建物の固定資産税評価額」となります。建物の固定資産税評価額は、建築費の50％か60％とされているため、もし1億円でアパートを建てたとしたら、相続税評価額は多くても6000万円となります。

さらに、賃貸用にすることで30％割引されますから「6000万円×0・7＝4200万円」に評価が下がるのです。土地は「貸家建付地」といって相続税路線価で時価の80％に、さらに建物を借りている人の権利を約20％差し引き約64％となります。

たとえば、現在私は、ざっくりとした金額ですが、個人と法人あわせて資産価値160億円の不動産を所有しています。法人で所有している分は、借入金が相当減少するまでは相続の対象になりませんので、もし私が亡くなったら個人の名義のおよそ80億円を家族に引き継ぐことになります。

大まかにいって、個人で60億円のローンがありますので、もしすべてを売却して預金で所有すると、差し引きで20億円。

この場合の相続税は、一時課税、二時課税、それぞれ約4億円で合計8億円になります。しかし80億円の資産をすべて、現状のまま賃貸物件として貸し続けるとしましょう。賃貸不動産80億円の相続税評価額は、約50％引きで40億円です。

相続が発生したときは、プラスの財産だけでなく、借入金などのマイナスの財産も法定相続人は引き継ぎます。

つまり、借入金が60億円ありますから、差し引きで相続税の対象となる資産はマイナス20億円、つまり相続税はゼロになるのです。

ただし、家族に借入金は残っても、家賃で払っていくことができますから、よい借金であることをご理解ください。

ここで、相続税の節税をめぐる最近の裁判例をご紹介しましょう。納税者が国に負けたケースです。

被相続人になる方が、相続開始前に約5億円の借入金で賃貸不動産を購入しました。この賃貸不動産を相続した相続人は、相続税路線価に基づいて評価した1億円として申告、結果相続税も0になるとしました。ところが税務署はこれを否認、売却時価で評価をし直し、相続税を納めるよう求め、裁判で争われたのです。判決はこの税務署の判断を認めるものとなりました。

この件は、税理士業界に激震となって伝わりました。国が定めた相続税路線価に基づく評価方法を、国自身が否定したわけですから当然です。

この出来事に関しては、二つの点で納税者に落ち度があったと、私は考えています。

一つめは、相続人が相続後1年くらいでこの物件を約5億円で売却していることです。譲渡所得の申告をしますから、わざわざ「時価は5億円ですよ」と言っているようなものです。

もう一つは、銀行の貸出記録に「相続税対策」と記載されていたことです。「税」がつかない「相続対策」としておけば、まだ違ったのではないでしょうか。

不動産投資で賢く節税 7

借金できなくなったら建て替える

不動産投資は相続税対策になります。しかし、気をつけなければならないのが借入金の返済期限です。

多くの人は「借金＝悪いこと」と考え、できるだけ早く返済しようとします。しかし、相続税対策として考えるのであれば、負債があるのは必ずしも悪いことではありません。

もちろん、ムリに借金をして不動産物件を買うことをオススメしているわけではありません。

ただ、現金で1億円保有しているのと、1億円の資産価値がある賃貸物件をもっているのとでは、先の私の例のように、相続税の金額に大きな違いが出てくるといいたいのです。

私はまだまだ、不動産投資を拡大していきたいとは考えていますが、いくら物件の収益性が高くてもこれ以上ローンを組むのは難しくなってきました。

なぜなら近年、シェアハウスの「かぼちゃの馬車」の破綻、スルガ銀行の融資資料の改《かい》竄《ざん》などによって、不動産投資向けの融資が絞られてきているからです。

このままなにもせずにいると、借入の返済が進み、次世代に引き継ぐ差し引き財産がどんどん増え、多額の相続税が課税されてしまいます。

不動産オーナー税理士である私としては、沽券に関わります。

そんなときにどうするかというと、古くなった既存の建物の建て替えです。

これまでの返済の実績があり、土地もある。すると建て替え費用として、銀行から融資が受けられるのです。

たとえば、1億円借りて新たにアパートやマンションを建築すると、先にお話ししたように建物の評価額は建築費のおよそ50～60％になります。

さらに、賃貸物件として貸し出せば一律30％割引される。つまり、相続財産としての価値は3850万円ほどに減少します。

さらに借入金がありますから、相続税は一定期間、ゼロになるでしょう。また、時代にあわせた建物にすることで、入居者が集まり家賃は高くできる。大規模修繕も当面はなく、新築ですから融資期間も長くできるというういいことずくめです。

建て替えは、不動産経営の極意であり究極の相続税対策といえるのです。

個人も法人もできる「とりやまグループ」オリジナル消費税還付法

課税売上が5億円以下の企業は「課税売上割合を95％以上」にすると消費税が100％還付になる「95％ルール」があります。

そもそも納付すべき消費税とは「売上で預かった消費税額－支払った消費税額」の差額です。つまり支払った額が預かった消費税額を上回れば、その分が還付されます。

しかし、不動産賃貸業では、住宅の家賃に課税しないため、消費税の還付ができないと考える人が一般的です。

ところが私たちは、

①課税売上割合を95％以上にする

②非課税売上を課税売上にする

という、消費税の還付ができる二つの手法を考案したのです。

具体的なやり方については複雑になるため、本書ですべての説明はできません。しかし、これはあやしい方法でも違法でもなく、キチンと法律に基づいて実践しています。

すでに数百件の還付実績があり、自信をつけた私たちは、還付予定の一定金額を保障するサービスを始めて大変好評をいただいております。

さらにオーナーが私たちに支払う料金は、必要経費として計上できます。

一つ例を挙げると、不動産賃貸では住宅の家賃は非課税ですが、事務所であれば課税売上になります。

消費税法には「契約において住宅として貸すことを明らかにしたら非課税になる」と書かれていますから、契約書で「住宅として賃貸する」と明らかにしなければ課税対応になるのです（これは令和2年の改正で、実態が住宅であれば非課税になるということになります）。

また、「課税売上割合95％ルール」が適用され、無事に消費税が還付されたとしても、実はその後の3年間、通算で課税売上の割合を50％超にしないと、不足分を返還しなければならないという決まりがあります。

私たちは「金の売買を繰り返す」ことで課税売上の割合を50％超にし、3年縛りにも対応する策を生み出しました。

しかし、このやり方がいつまでも通用するとは限りません。

税法は毎年のように変わるからです。

現に最近「金の売買を課税売上にカウントしない」という国税庁の動きがあります。

しかし私は、古物商の資格を取得することでこの流れに対抗するつもりです。

情報をアップデートしながら合法的にお客さんの節税を助ける方法を、常に考案していきます。

ただし、令和2年度税制改正大綱（案）によれば、消費税還付のもとになる、課税仕入れを住宅に使用する部分については認めないこととされています。

そのため、令和2年10月1日以降の、アパート・マンションの建物に関する消費税還付は原則的にできなくなると考えられます。

ただし、令和2年3月末日までに契約をした物件については、10月1日以後に完成引き渡しになっても消費税還付は可能であると思います。

また最近、この税制改正大綱（案）を受けて、私は別の消費税還付法を考案しました。一般的に、フリーランスやSOHOといわれる個人事業主として自宅を事務所と兼用して使っている人は少なくありません。

また近年、副業意識の高まりからも自宅で事業を行う人も増えているでしょう。

現在の制度では「居住の用に供すること」が明らかであれば、消費税を払う必要はありません。

しかし、こっそり事務所としても使用している入居者には、どこか後ろめたい気持ちがあります。

そこで「事務所としても使える」ことをアピールして、不動産の持ち主であるオーナーは入居者を募集します。

オーナーは、事務所使用分の消費税を別にいただき、事務所として消費税の還付申告をすれば、何の問題もないでしょう。

また、家賃収入が課税売上になりますから、これに対応する物件の管理費、修繕費、水道光熱費などの課税仕入れは控除されます。したがって、支払う消費税は軽減されます。

入居者さんは、いわば「契約違反」で事務所として使用していたのを堂々と使うことができます。

また、入居者は課税事業者になれば、消費税分を課税仕入れとして控除できますし、所得税の観点からも、事業使用分を合理的に計上することができます。

実はあまり知られていませんが、3年くらい後、消費税は「インボイス方式」になり、売り手が買い手に消費税の明細を請求書として発行しなければならなくなります。

そうなると免税事業者は、取引から締め出される確率が高くなり、課税事業者にならざるを得なくなるでしょう。

免税や簡易課税制度も廃止されると考えられるので、そのとき、私たちが磨き上げた消費税還付のスキームは、より多くの人から求められるようになるでしょう。

私は近いうちに会員制の「とりやまオーナーズクラブ」を立ち上げ、あらゆる面で最良のビジネスと確信している不動産賃貸業をやっていく方々を応援していきたいと考えています。一方、入居者であるSOHO（小さなオフィスや自宅を仕事場にする働き方）やフリーランスの方の応援も、不動産中心の会計事務所の進む道だと考えています。格安で魅力のある投資物件も、外に出す前に会員に紹介できる仕組みをつくりたいと思っていますので、楽しみにしていてください。

エピローグ

「早くて」「安くて」「正確で」「感じがいい」をモットーに

お客さんと私たちは運命共同体

不動産投資では「ギガ大家」として、さらに日々成長中の私ですが、本業である税理士業もおかげさまで順調で、

「先生のところは、不景気関係ないでしょう?」

とよく言われます。

その大きな理由の一つに「お客さんと私たちは運命共同体」と考えて行動していることがあると私は考えます。

お客さんの業績が下がれば、私たちに顧問料を支払うのは難しくなるでしょう。

また、お客さんが万が一、廃業することにでもなったら、私たちは顧問先を失います。

信頼して会社の経営状態をさらす決意をしてくださったお客さんと、共に繁栄するように力を尽くしているのです。

それは、この本でお伝えしてきた私なりの「仕事やお金のルール」の根幹であるともい

えるでしょう。

私たち「とりやまグループ」は、チームとしてお客さん個人や会社の健康診断を絶えず行い改善の提案をする、いわば「お金のドクター」であり、皆さんの命の次に大切なお金の流れを豊かにする医者だといえるでしょう。

またもう一つ、私たちは「早くて」「安くて」「正確で」「感じがいい」をモットーにしています。

税理士事務所を変更しようとするとき、お客さんには次のような不満があると聞きます。

・よく間違えてムダな税金を払わされた。
・節税に関する提案がない。
・経営につながる税務についてたずねても答えられない。
・毎月顧問料を支払っているのに年に1回しか報告がない。
・返事が遅い、「調べておきます」といって返事がない。
・税務調査で言われるがままだった。

こうしたお客さまの不満を裏返し、サービス業として考えたのが、「早くて」「安くて」「正確で」「感じがいい」なのです。

ＡＩに取って代わられない仕事をする「提案型税理士さん」

昔ながらの「大家さん」は、「不動産をたくさん持っている地主さん」でした。でも、近年は収益を上げるビジネスとして取り組んでいる人がどんどん増えています。

また税理士も「士業は食いっぱぐれない」と考えられていたのは過去の話。「ＡＩに取って代わられる仕事」のランキングでは常に上位を占めています。

しかし私は、どちらの仕事、またどんな仕事でも「儲かっている社長は、ビジネスはすべてサービス業だと知っている」でお話ししたように、しっかりとしたビジネスマインドを持っていれば、成功するのは難しくないと考えています。

一つ例を挙げましょう。

「青色申告」で65万円の控除を受けるためには、複式簿記で記帳したり電子申告したりするなど、いくつかの条件があります。こうした要件を満たせない場合、「青色申告」で申告しても、控除は10万円です。

でも、65万円の控除ができたら、どれだけ節税になるでしょうか。

お客さんの立場に立って考えれば「自分たちに依頼してくだされば、65万円の控除にできます、節税できた分の金額を折半しましょう」といった提案ができるはずです。

また、税理士の顧問料は経費となることもあわせて伝えることもできるでしょう。

AIは、こうした「提案」をすることはできません。

人工知能やロボットが活躍する時代になっても「サービスを追求して提案型営業をする」といった、人間しかできない仕事をしていれば取り替えられる心配はいらないのです。

大家さんが「良い税理士さんを選ぶポイント」はこれだ

前にも述べましたが、私は税理士とは、大切なお金のドクターと考えています。

名医と呼べるほど優秀な、お金のドクター（税理士）を見極めるためには、どんな基準で選べばいいのか、不動産投資家、そして税理士の両方の立場からご説明しましょう。

私が考える優秀なお金のドクター(税理士)とは、まずは知識と経験が豊富なこと。そして、柔軟な発想を持ち、顧客のためにさまざまな知恵を働かせてくれること。さらに、正しい知識と経験に基づき逃げず、税務署員の言うなりにならない度胸を持ち、担当する会社や地域、果ては国までよくしていこうという熱いハート(情熱)があれば、信頼できるパートナーとなり得るでしょう。

ここで、さらに細かく、具体的にどんな対応をするかによって「最強の税理士」かどうか判断する方法をご説明していきましょう。

①質問に対し、短時間で確実に答えてくれるか?

×ダメ税理士↓なかなか返答してくれない。ときには質問されたことも忘れてしまう。

○デキる税理士↓すぐに答えてくれる。また、その場で返答できないことは「明日の午前中まで」など、期限を区切って必ず回答する。

②質問に対する答えが的確か？

×ダメ税理士→抽象的で意味不明なことが多い。

○デキる税理士→具体的で納得できる答えが返ってくる。また、状況に応じたブレについても説明してくれる。

③困ったときは、いつでも相談がしやすいか？

×ダメ税理士→土日や祭日などには連絡が取れず、携帯の番号を教えてくれない。

○デキる税理士→名刺にしっかりと携帯番号が記入されている。

④自分からさまざまな提案をしてくれるか？

×ダメ税理士→貸借対照表や損益計算書をつくるのを面倒がり、青色申告特別控除は10万円。法人化をしたいと言っても「効果はない」と何もしない。

○デキる税理士→青色申告特別控除は65万円受けられるように提案してくれるほか、さまざまな可能性を教えてくれる。

⑤組織として税理士事務所を運営しているか？

×ダメ税理士↓小規模な事務所で所長がすべてを仕切っている。所長が休むと仕事が回らない。

○デキる税理士↓税理士法人として何人もの税理士や職員を雇っている。また、不動産業者、弁護士、司法書士、社会保険労務士、行政書士、不動産鑑定士、測量士、土地家屋調査士などと連携・組織化して、ワンストップで顧客の問題を解決できる。

⑥旅費規定、交際費、福利厚生費などの費用計上について詳しいか？

×ダメ税理士↓これまでやっていないことは基本的にやりたがらない。すぐに「税務署に問題にされる」と言って逃げる。

○デキる税理士↓節税につながることについては積極的に相談に応じてくれる。さらに社内規定などの作成についても具体的に提案してくれる。

⑦料金が明確で良心的か？

×ダメ税理士↓ホームページがないところも多く、パンフレットや料金表でさえ用意していない。
○デキる税理士↓しっかりとしたホームページやパンフレットがあり、料金は良心的で明確に表示されている。

⑧顧問契約書をきちんと作成しているか？

×ダメ税理士↓税理士のほうが顧客より偉いと考えるふしがあり、口約束で業務を進行し、あとあとトラブルを招く。
○デキる税理士↓税理士と顧客は対等の関係と考え、お互いの不利益にならぬよう権利・義務を文書で残す。また、内容が明確な契約書をきちんと作成する。

⑨本を出版したり、セミナーや講演会を開催したりしているか？

×ダメ税理士↓自分の考えを持たず、税務署のいうがままになっている。
○デキる税理士↓顧客のための自分なりの考えを持ち、本やセミナーなどでブレずに伝えている。

⑩税理士になった経緯はどうか？

×ダメ税理士↓すべての人ではないが、税務署の出身であったり試験免除であったりして知識が不足している。

○デキる税理士↓簿記論、財務諸表論、法人税、所得税、相続税、消費税のなかから5科目を選び合格している。

10項目すべてに当てはまる税理士であれば、大家さんとしてのあなたの利益を守り増やす手伝いをしてくれる、最強のパートナーとなるはずです。

「こんな大家さんなら、もっと助けたくなる！」

ここで反対に「こんな大家さんだったら〝もっと役に立ちたい〟という気持ちになり、一生のおつきあいができる」と感じる、やりやすい理想のクライアント像も説明していきましょう。

①現在の状況、そして相談内容を、書類をベースで包み隠さず説明してくれる。

↓隠し事をしたり、ウソをついたりされると、事態を正確に把握できずにベストな解決法を提案することが難しくなります。

お互いに信頼し合える税理士と顧問先は、運命共同体です。恥ずかしがらずに正直に話し、あるだけの資料を最初から提出していただけることが基本と言えるでしょう。

②知ったかぶりをしない。

↓クライアントさんが多少でも税の知識を持っていると、話がしやすいもの。

しかし、税法は複雑なうえに毎年のように変わるため、プロの税理士でさえ完璧に把握するのは難しいものです。

わからないこと、不明な点は「こうだったはず」と決めつけず、素直に税理士に相談していただきたいと思います。

③気持ちよく支払いをしてくれる。

↓私たちは、提供するサービスに適正と考える金額を明確に提示しています。

事前に納得しているのであれば、期日にきちんと支払ってくださる方だと「お互いの取り決めを守ってくれる人」だと信頼できます。

また、難しい問題への対応や仕事量が増えたときに、割増料金を気持ちよくお支払いいただける方は、私たちをプロとして尊重してくださると感じます。

もちろん、期待したサービスが得られなかったときに、料金の交渉をするのは構いません。そんなときは、私たちも誠意を持って対応しています。

④税理士をパートナーだと思っている。

↓お互いにとってよい成果を生み出すには、満足できる関係を築くことがとても重要です。税理士とクライアントはビジネスパートナーであり、上下関係はありません。

同じようにそう考え、たとえば、ご希望の日時と場所にうかがうのが難しいときなど「じゃあ、今回はこちらからうかがいます」などと柔軟に対応してくださったり、事務所の事務員にもにこやかに接してコミュニケーションをとってくださったりする方であれば、運命共同体としてお互いに助け合えるベストな関係を築いていけるでしょう。

⑤「お金を払っているのだから」という態度はNG。

↓領収証は、1年分を袋に入れて出してくる。

決算や確定申告に必要な書類も、お願いしてもなかなか出てこない。

先の項目「税理士をパートナーだと思っている」にも通じますが「お金を払っているのだから」と、すべて税理士に任せっぱなしで協力してくださる姿勢がない方は、金額以上のプラスのサービスを受けることはあまりないでしょう。

「お金を払っているのだから、なんでもやってくれて当然」と考え、税務署から問題を指摘されても「自分は知らない」と逃げ腰になってしまう方もときにはおられます。

私たちは顧問先のために、税務署と戦う覚悟を決めているのですから、そんなときには最後まで一緒に戦っていただきたいのです。

⑥感謝の気持ちを伝えてくれる。

↓私たちが何よりもうれしいのは、お客さんが「助かった、ありがとう！」「頼んでよかった、ありがとう」と言ってくださるときです。

「ありがとう」の一言は、私たちがお役に立てたことを知り「よし、次もがんばろう」という気になれるエネルギー源の一つです。

お互いに感謝の気持ちを持ち、言葉と態度で伝え合えるのが、理想の税理士と顧問先の関係だと言えるでしょう。

稼がせてもらった分、社会に恩返ししたい

「それだけ稼いで、今後はどうしたいのですか?」

と最近、よく聞かれるようになりました。

私はそろそろ、これまでお世話になった社会に還元していく時期に近づいていると考えています。

私たちが税理士として活躍できているのは、顧問先である個人や企業のおかげです。

特に、中心である個人事業主や中小企業の方たちがより発展してくださるよう、財団のような組織をつくりたいのです。

15年ほど前に放送を終了したバラエティ番組「マネーの虎」を覚えていらっしゃる方もいるでしょう。応募者が事業企画をプレゼンし、投資家である企業経営者たちが出資の可否を決めるという内容です。

同じように、いいアイデアを持つ人に資金を提供し、チャンスを手にしてほしいのです。その資金は、助成金や補助金のように、返済の必要や利息がないものです。

そして成功するように、私たちがコンサルティングをする。

その代わり、うまくいったときには税務を担当させてもらえば、お金が上手くめぐり「三方よし」になるはずです。

また、不動産賃貸業でも、同じように「住む場所が借りられなくて困っている人たち」を助け、世の中の役に立つプランを考えています。

新型コロナウイルスの問題をはじめとして、世界で日本の将来に不安を抱く人も少なくないなか、私たちの活動が少しでも一人ひとりの可能性を広げることができたら、これほど嬉しいことはないでしょう。

おわりに

毎年、お正月になると、
「今年も無事、元旦を迎えられた」
と感慨深い気持ちになります。

私の住むマンションからは、空気が澄んだ元日の朝には、東京タワー、新宿の高層ビル群、スカイツリー、そして富士山もしっかり眺めることができます。

そうした東京ならではの景色を見ながら、おそば屋さんの住み込みのアルバイトからスタートし、現在では、およそ80棟、８００戸の物件を保有し、年間で11億円の家賃収入を得る「ギガ大家」になれたことに深く感謝したのです。

私がここまでなれたのは、連帯保証人を快く引き受けてくれた妻と仲良し家族のメンバー、さらに「とりやま財産経営グループ」を支えてくれた１００人の幹部と職員、そして管理と仲介をしっかりこなし、99％以上の入居率を維持してくれた15人の不動産グループ幹部と社員のおかげです。

この場を借りて、心からの感謝の気持ちを伝えたいと思います。

現在、還暦を過ぎた私ですが、10年後、20年後、そして30年後が楽しみでしかたありません。

手始めに現在、古いアパートや戸建てを改装して高利回りの投資不動産にしたり、再建築不可物件を再建築を可能にして魅力的な投資不動産にし、前述の「とりやまオーナーズクラブ」の会員限定で紹介する――つまり、〝私のスモール版〟の人をつくり出し、私を超える人を育てていきたいと考えているのです。

まだまだ将来のことを考えるのが愉快な私の、勝手な世界経済予想をもって、この本を終わりにしたいと思っています。


↓世界経済はどうなる？

現在は新型コロナウイルスの感染拡大でそれどころではありませんが、そのうちアメリカと中国の貿易戦争は収まることなく、さらに激化していくでしょう。

そしてアメリカが、自国のさまざまな都合から、イランや北朝鮮の紛争の糸を引く可能性も捨て切れません。

そんななか、史上最高値を記録したNYダウはピークアウトし、物価は上昇するのに景気が悪く金利が上がらないスタープレーションになることが考えられます。

物価が上昇するときこそ、金や不動産などの実物資産が強みを発揮します。

現在、金は40年ぶりの高値となっており、NYの金先物価格はおよそ1672ドル。これが2500ドルになることも考えられます。

また、不動産も、場所の優劣がありつつも、低金利や家賃の値上がりによって高値が続くことが予想されます。

↓日本経済はどうなる？

日本経済は世界の影響を大きく受けます。

日経平均は、新型コロナウイルスの収束が見えるまで、また米中の貿易戦争が長引くうちは大きく値を崩すと考えられます。

東京オリンピック・パラリンピックをあてにした〝インバウンド景気〟も、新型コロナウイルスの拡散で、相殺となる可能性もあります。

金利は上がらず、為替は円高傾向が続くでしょう。

↓東京圏の経済はどうなる？

そんな日本にありながら、人口の一極集中が続く東京圏は特別です。

日本、そして海外から東京に流入する人は当面増えることから、よほどの自然災害などがない限り、この地域だけ物価が上昇していくと考えられます。

インフレ傾向が予測される東京圏で持つべきは、やはり金と不動産です。

ただし、新型コロナウイルスによるインバウンドの減少のため、当面は店舗や事務所は苦戦を強いられるでしょう。


私は今後も、管理会社のパートナーと手を組み、賃貸不動産のメンテナンスや修繕をしっかり行い、満室経営を絶えず追求していきたいと考えています。

さらに、守りとしての節税も強化し、最高のキャッシュフロー経営を続けていくつもりです。

最後に、私は〝男のロマン〟を追い求めながら、不動産と税理士のコラボの最大化を探求し続け、次に続く人たちの実験台になることに挑み続けることが、私の人生と思っています。

2020年3月吉日

とりやま財産経営グループ代表　鳥山昌則

家賃収入《やちんしゅうにゅう》11億円《おくえん》の税理士大家《ぜいりしおおや》がこっそり教《おし》えるお金《かね》の増《ふ》やし方《かた》

2020年 4月15日 初版第1刷

著　者――――――――――鳥山昌則《とりやままさのり》
発行者――――――――――坂本桂一
発行所――――――――――現代書林
〒162-0053　東京都新宿区原町3-61　桂ビル
TEL／代表　03(3205)8384
振替00140-7-42905
http://www.gendaishorin.co.jp/
ブックデザイン＋DTP――――吉崎広明（ベルソグラフィック）
カバーイラスト――――――にしだきょうこ（ベルソグラフィック）
本文イラスト―――――――中村智史

印刷・製本　広研印刷㈱
乱丁・落丁本はお取り替えいたします。

定価はカバーに
表示してあります。

ISBN978-4-7745-1843-5 C0033